ネオ・ベーシック商法 3

会社法II【ファイナンス編】

道野真弘 **編著**

島田志帆／矢﨑淳司／多木誠一郎／
中野浩幸／田邊 誠／笹本幸祐

Neo-Basic Textbook on Commercial Law Vol.3

北大路書房

はしがき

　本書は，はじめて商法・会社法を学ぼうとする方々を主たる対象とする入門書と位置付けるものである。「ネオ・ベーシック商法」というシリーズ名が示すとおり，これまで刊行されている多くの優れた書籍とは異なる特色をもたせたいと意気込んで執筆に取り組んだが，まず何よりも，初学者が，基本的初歩的な知識を網羅的に理解し，ごく平易な内容から応用的・先進的な内容までを一気に把握することができるものと自負している。

　商法は会社法の母法であり，会社法は，会社編として商法に規定されていたところ，平成17（2005）年の改正で商法から分離・独立した。商法自体は企業取引に関する法としての意義があり，会社編はそのうちの企業組織法だったが，組織法の重要性から条文も増え，規制内容も複雑になってきた。そこで組織法の規制を一新するため，独立したわけである。

　商法は引き続き企業取引法として意義があり多くの大学でも「商法総則・商行為」科目がある。大改正を控える時期でもあったので，先行して令和元（2019）年に，〈ネオ・ベーシック商法シリーズ〉第1巻『商法入門／総則／商行為』として刊行した。そして続編としてこのたび，会社法のテキストを刊行することとなった。組織法として重要であり内容も多岐にわたるのでガバナンス編とファイナンス編の2分冊にした。

　第2巻「会社法Ⅰ　ガバナンス編」は会社をどのように統治するのか，最適な統治による経営形態はどういったものか，具体的には会社の各機関の意義や機能，全体的な機関設計と各機関による相互の監視監督，組織再編の方法などを主とする記述となっている。第3巻「会社法Ⅱ　ファイナンス編」は企業がどのように資金調達するのかを主とするものであり，具体的には株式等の資金調達手段や，企業の業績を示す計算書類に関する規制のほか，企業の決済方法や税務，保険，倒産処理にも触れている。

　なお，シリーズ第1巻の「はしがき」でも述べたように，ざっと斜め読みできる分量にするため脚注や参考文献は極力省略している。巻末に参考文献を一覧にしているので，本書を二度三度と読み返し，実力が向上してさらに深い疑問が生じた場合はそちらも参考にしてもらいたい。大学で講義を受ける機会が

ある読者は，担当教員にわからない点を質問することも肝要である。テキスト
を読み，講義を聞き，自分なりにまとめる（書く──ノートにまとめることに加えて，
アウトプットとしての論述も含む）という3点は，学問の理解のために欠かせない。

　執筆を担当いただいた方々は，大学の一線で教鞭をとる気鋭の研究者である。
研究・教育に多忙な中，無理を言って筆をとっていただいた。遅々として進ま
ない編集作業により迷惑もおかけしたが，最大限のお力添えをいただいて，広
範な会社法の全てを余すところなくお伝えできているものと思う。読者の皆様
の，会社法の勉強の一助になれば幸いである。

　出版工房燧（ひうち）代表で北大路書房出版コーディネーターの秋山泰氏に
は同じくご多忙の中にもかかわらず編集作業等ご助力いただき，出版にこぎつ
けることができた。末筆ながら，ここに謝意を表したい。

2022（令和4）年3月1日

執筆者を代表して

道野　真弘

▶凡例 ─────────────────────────────

1　法令の略語

（主なもののみ。他は通例に従う，ただし，複数の条文，複数の法令が出てくる場合は，法令名を省略することがある。また，法令名が重要な場合は，正式表記をする場合がある）

会社	会社法（平成17年法86号，最終改正：令和元年法70号）
	例外：改正前会社法については，改正時期に応じて適宜，「平成26年改正前＊＊条」，「令和元年改正前＊＊条」とする。民法なども同様に表記する。
会社規	会社法施行規則
会社計算	会社計算規則
商	商法（平成30年改正商法）
商登	商業登記法
商規	商法施行規則
民	民法（令和3年改正民法）
会更	会社更生法
破産	破産法
民再	民事再生法
民訴	民事訴訟法
金商	金融商品取引法
国際海運	国際海上物品運送法
倉庫業	倉庫業法
保険	保険法
保険業	保険業法
割賦	割賦販売法
特商	特定商取引に関する法律
独占禁止	私的独占の禁止及び公正取引の確保に関する法律
不正競争	不正競争防止法

▶〔表記例〕（会社7条・8条1項・2項，商12条1項・2項）

2　判例引用等の略語　（主なもののみ。他は通例に従う）

最大判	最高裁判所大法廷判決
最　判	最高裁判決〔小法廷〕
高　判	高等裁判所判決
地　判	地方裁判所判決

〔決 決定〕

民　集　　　最高裁判所民事判例集
高民集　　　高等裁判所民事判例集
下民集　　　下級裁判所民事裁判例集
裁判所WEB　裁判所ウェップサイト

判タ　　　判例タイムズ
判時　　　判例時報
金法　　　金融法務事情
金判　　　金融・商事判例

百選　　　神作裕之・藤田友敬・加藤貴仁編『会社法判例百選』（第4版，有斐閣，2021年）
　　　　　〔百選所収の判例事件番号を付す＝百選17事件〕

NB 1商法入門他　ネオ・ベーシック商法1　商法入門／総則／商行為
NB 2会社法 I　　ネオ・ベーシック商法2　会社法 I　ガバナンス編
NB 3会社法 II　　ネオ・ベーシック商法3　会社法 II　ファイナンス編

▶ 〔**表記例**〕　　（最判昭和49・3・22民集28巻2号368頁）
正式表記⇒最高裁判所〔小法廷〕昭和49年3月22日判決〔最高裁判所民事判例集28巻2号368頁〕

はしがき
凡例
執筆者紹介

04章__株式の流通 ——————————————————————— 033

05章__新株予約権 ——————————————————————— 048

▶執筆者紹介・執筆分担　（敬称略）　＊印は編著者

＊道野　真弘（みちの・まさひろ）　　近畿大学法学部教授
　　　　　　　　　　　　　　　　　　01章，02章，03章
　　　　　　　　　　　　　　　　　　★Topic01〜07

　矢﨑　淳司（やざき・じゅんじ）　　東京都立大学法学部教授
　　　　　　　　　　　　　　　　　　05章，06章
　　　　　　　　　　　　　　　　　　★Topic09，10

　島田　志帆（しまだ・しほ）　　立命館大学大学院法務研究科教授
　　　　　　　　　　　　　　　　　　04章，08章
　　　　　　　　　　　　　　　　　　★Topic08，12

　多木誠一郎（たき・せいいちろう）　小樽商科大学商学部教授
　　　　　　　　　　　　　　　　　　07章
　　　　　　　　　　　　　　　　　　★Topic11

　中野　浩幸（なかの・ひろゆき）　　近畿大学法学部教授
　　　　　　　　　　　　　　　　　　09章
　　　　　　　　　　　　　　　　　　★Topic13，14

　田邊　　誠（たなべ・まこと）　　広島大学名誉教授
　　　　　　　　　　　　　　　　　　10章
　　　　　　　　　　　　　　　　　　★Topic15

　笹本　幸祐（ささもと・ゆきひろ）　関西大学法学部教授
　　　　　　　　　　　　　　　　　　11章
　　　　　　　　　　　　　　　　　　★Topic16〜18

01章__ ファイナンスからみた会社法

▸§1__ 総説

　ファイナンス（finance）とは，ある辞書によれば，名詞として「財政，財務，金融，融資，財源，資金」，動詞として「融資する，資金を調達する」などの訳が並ぶ。財政というと比較的公的な意味を思い浮かべるであろうが，たとえ一個人であっても，現代資本主義社会ではお金が必要なことがほとんどであり，大きな買い物例えば一軒家を買うとなれば，どのように資金を調達するか考えねばならない。これまで貯蓄してきた自由になる資金はどれくらいか，銀行から借りることのできる資金はどれくらいか，借りたお金をどれくらいの期間で返済できるか。また購入した一軒家を活用して返済金の足しにできないか，などと。

　一個人であればファイナンスを大して意識しなくても日常生活は送れるが，規模が大きくなればなるほど，ファイナンスの重要性は増す。国家（や地方公共団体）は規模が大きいゆえに，学問としての財政学の対象ともなる。

　それ以外に，企業もまた国家に匹敵するような大規模なものもあるし，大規模な事業を行うには，とりわけ資金調達という意味でのファイナンスを意識しないわけにはいかない。企業には非営利のものから営利のものまであり，前者は出資者という発想がないが後者には会社のように出資者が存在し，出資者への分配を考える必要もある。会社法は，極めて資本主義的な存在である会社に関する法律であるから，資金調達に関するものを主としてファイナンスに関する規定も多い。

▸§2__ コーポレート・ファイナンス

　NB2会社法Ⅰでは，コーポレート・ガバナンス（Corporate Governance）という用語を一つのキーワードに解説したが，本巻NB3会社法Ⅱではコーポレート・

ファイナンス（Corporate Finance）を念頭に置いた内容の章が並ぶ。

　では，コーポレート・ファイナンスとは何か。直訳すれば企業の財政とでもいうべきであろうか，企業における財務活動全般とでもいうべきであろうか。ちなみにコーポレート・ファイナンスには融資側すなわち銀行の立場からの融資・投資の意味や「投資銀行業務」という意味（アメリカではこの意味では「インベストメント・バンキング」という）も持ち合わせるが，ここでは融資されたり資金調達をする会社側の財務という意味で用いることとする。このように一定程度コーポレート・ファイナンスの意味を絞り込んでみたが，それでもなお，会社の財務としても，資金調達と資金運用の側面がある。会社法が特に規定するのは，前者に関係することが多い。後者は，規制すべき必要性から会社法にも関連する規定はあるが，経営判断そのものであって，学問的には商学や経営学の対象と言える。

　なお，「キャッシュ・マネジメント」が1年ほどの短期の意思決定であるのに対して，コーポレート・ファイナンスは2〜10年先までの意思決定であるとする解説もあるが，ここでは特に区別しない。

▸§3__　コーポレート・ガバナンスとの関係

【1】　会社法における位置付け

　さて，会社法は企業組織に関する法律である。会社という企業組織を考えた場合，効率のよい組織設計とか，業務執行の監視監督のシステムとしてどのような設計が良いのかなど，「企業統治＝コーポレート・ガバナンス」の面からの規制が必要であると同時に，会社は資金があって初めて事業活動ができるのであって，どのように資金を調達し，それを効率よく運用し，あるいは非効率な部分をどう削減するのかという面からの規制も必要となる。条文上，明確に両者が区別されているわけではないが，後者がいわゆるコーポレート・ファイナンスと呼ばれる部分である。

　詳細な規制内容は各章に委ねるが，会社（とりわけ株式会社）は「最良の資本集積装置」と呼ばれたこともあるように，大資本のみならず，資本市場に散財する小資本を，株式といった投資単位を用いて集積し，それを元手に事業活動をする。会社法はこのような資金調達の方法を多く用意している。次に，調達した資金をどのように効率よく用いれば「企業価値の最大化」を図ることがで

きるのか（資金運用）を考える必要がある。繰り返しになるがこの点はどちらかといえば経営学の視点であり，企業がそれぞれの経営方針によって考えればよいことであって，会社法には会社の通知簿と称される計算書類の作成方法や，M&Aなどを通じた企業再編による効率化の際に必要な手続上のルールが置かれているのみである。

【2】　ファイナンスとガバナンスの交差領域からみた会社法

　ファイナンスとガバナンスが交錯する典型領域はM&Aである。他社と合併したり他社を傘下に入れるのは，新設したり新規事業展開するよりも経済効率や資金面で有利と考えられるからである。

　M&Aの詳細についてはNB2会社法Ⅰの11章，12章に詳しいが，事業を譲り受けるとか，他社の子会社の株式を取得するあるいは合併するのは，そのことによる（プラスの）シナジー効果（相乗効果）を期待してのことである。一般的には事業戦略として水平統合（同業他社との統合による資源の効率運営等）や垂直統合（メーカーによる原材料メーカーの統合等による物流コスト削減や仕入れ先・販売先の確保等）を目的とするが，その他に類似するものとして周辺型統合（周辺・関連会社の統合による経営効率化）や布石型統合（新規事業展開に向けた統合等）もある。

　M&Aは買収・合併を意味するが，当然のことながら反面では売却・清算も行われる。すなわち，不採算事業を切り離し，採算を見込める事業に再編していく。その際には上記のような明確な目的が必要であり，単に買収・売却すればよいというものではない。適正な買収価格はM&A成功の鍵であり，買収企業単独の価値に，どの程度のシナジー効果が生じるかを予測し，その合計額以下の買収価格でなければ，買収に失敗することが多いようである。企業価値そのものの評価も難しいが，シナジー効果の予測は難しい。M&Aを「コーポレート・ファイナンスの総合アート」と呼ぶ専門家もいるが，法務，財務，税務，会計，組織論，戦略論，人事，企業文化等，コーポレート・ガバナンスも含めた様々な論点が多数含まれることは事実である。

★Topic_01　中小企業とM&A

　M&Aというと基本的には大企業が主であるが，中小企業でも，とりわけ後継者問題との関連で行われることがあり，それ以外でも非上場会社のM&Aは実際に増えており，今後も増えると予測する専門家が多い。例えば創業者株主兼代表取締役の1人会社で後継者がいなければ，会社は清算し，会社資産が国庫に入ることもありうる。複数の相続人（しかも会社経営未経験の者ばかり）がいることで，株式が分散し承継が困難になることもある。かといって，有能な従業員を後継者にしようとしても，創業者株主兼代表取締役が個人で会社の債務保証をしている場合はそれを引き継ぐ必要があり，株式の譲渡にかかるコストもある。それゆえ後継者になることを躊躇することもある。そこでこれらに代わる方法として，他社に買収してもらい，会社としては従来のまま従業員を雇用するなど事業継続できる。

　そこで経済産業省は，後継者がおらず，黒字であるにもかかわらず廃業の恐れのある中小企業のM&Aを促進する目標を立てている（令和3（2021）年「中小M&A推進計画」）。中小企業庁も令和2（2020）年に「中小M&Aガイドライン」を策定しM&Aの活用を促す。もっとも，会社関係者の承認が得られるかなどの障壁はあるし，何よりもM&A後の事業継続・成長が成功するか否かがM&A促進の鍵になる。そこで，令和4（2022）年に「中小PMI支援メニュー」（要するにM&A後の取組み（PMI：Post Merger Integration）ガイドライン）が策定された。M&Aが全てを解決するものではないし，単なる資本の集中として行うべきものではないが，後継者問題の1つの解決策として注目されているわけである。　　　　　　　　　　　　　　　　　　　　　【道野真弘】

▸§4__　企業価値

　先述の「企業価値」についての定義も確固たるものがあるわけではないが，

企業価値＝事業価値＋非事業価値
事業価値＝株式価値＋負債価値

資金運用を図るうえで重要な概念であるので，簡単に説明しておきたい。企業価値とは，一般的に事業価値と非事業価値（非事業資産）に分類され，事業価値は株式（株主）価値と負債価値に分類される。企業価値の最大化は株主価値の最大化と同義で用いられることもあるが，それは株主価値の最大化を図れば企業価値の最大化が図れ，企業価値の最大化は株主価値の最大化にもなるという意味である。

★Topic_02　企業価値の評価方法

　本文で述べたように，企業価値，事業価値，株式価値は関連していながら異なるものである。これらをどのように最大化していくべきかを考えるにあたって，その計算式は重要である。もっとも，株式価値の算定に重要な意味を有する株価一つとっても，上場会社では市場価格があるものの，非上場会社ではそれがなく，いずれにせよ企業価値を図るために必要な正確な数値を把握することは困難である。公式があったとしても，正しい数値を入れなければ，正しい解は得られない。

　そのことを前提として，ごく簡単に評価方法を紹介しておこう。

　まず，① マーケットアプローチ，②バランスシートアプローチ（コストアプローチ），③インカムアプローチの3つに区分することができるが，①は市場における事業や規模が類似する企業を評価することによるもので，類似・対比する企業が上場企業である場合は株式の市場価格もあり，比較しやすい。②は，もしその時点で企業を精算するとすれば，という発想であり，時価で純資産を計算して，そこから営業債務を差し引くことで企業価値を評価する。③は，当該企業が将来にわたってどれくらいのキャッシュフロー（現金に換算できる収入）を得られるかを評価するものである。配当還元法や本文で述べたDCF法がこれに該当し，DCF法は非常に複雑な計算式であるところを，ごく簡潔に述べるとすれば，以下の通りである。ⓐ将来にわたる一定の期間内に企業に流入するフリーキャッシュフロー（企業が自由に用いることのできる現金）を算定，ⓑその期間終了時の残存価値の算定，ⓒ将来価値（期間終了時のⓐⓑの価値）を現在価値に割引き（現在から将来に至る期間内のリスク計算），ⓓ非事業価値の加算，ⓔ有利子負債の減算。DCF法は将来の収益性・成長性が評価基準であることからゴーイングコンサーン（永続企業）としての企業価値の評価として最も理論的であるとされるが，問題点としては，期間内に予定される事業の実現可能性を見誤ると，評価が過大になりうる点などが指摘されている。　　　　　　　　　　　　　　　　　　　　　　【道野真弘】

　非事業価値とは事業に用いられていない遊休資産などの価値をいう。

　株式価値は株主価値とも言われるが，株主が保有する会社の価値であり，全くイコールではないものの，発行済株式総数の時価総額に近い。負債価値は債権者が保有する会社の価値であり，有利子負債部分である。

　企業価値には様々な評価方法があるが，一般的にはDCF（Discounted Cash Flow）法による評価が用いられる。

02章— 会社の資金調達手段

▸§1__ 総説

何事でも大きなことを始めるには資金が必要である。会社は特に資本主義的な存在であり，多岐にわたる資金調達の方法があることはその生命線でもある。資金を運用するためには調達が必要なのである。本章では，資金調達方法について，いくつかに分類して解説する。

▸§2__ 間接金融と直接金融

銀行などの金融機関は，預金者から預かったお金を，資金を必要とする者に貸し付けることで，現金の循環を促す。ちなみに日本国の中央銀行である日本銀行は金融機関の銀行であり，全体として余剰資金を必要なところへ流すこととなり，「血液循環システム」と言われる所以である。このように，金融機関を介して，余剰資金を必要なところへ融通するものを間接金融という。

一方，株式会社が株式を発行して資金調達するように，資金を必要とする者が，（余剰資金を）融資しても良いと思う者から直接融通してもらうことを直接金融という。

金融機関もボランティアではないからいくら資金需要があるといっても回収の可能性を調査してからでないと貸してはくれないし，貸付額は必ずしも満額ではなく，利息もそれなりに取られるし，返済期間も比較的短期である。直接金融は間接金融に比べると自由度の高い，返済期間も基本的に考えなくてよい調達方法も用意されている。

▸§3__ 自己資本と他人資本

端的に言えば，返済を考えなくてよい資本と返済しなければならない資本で

あるが，前者は株式と内部留保（もしものために取り置いたフリーキャッシュフローの一部）が典型的であり，後者は借入金や社債が典型例である。コマーシャル・ペーパー（CP）によるものも後者である。コマーシャル・ペーパーとは，手形貸付に類似するが，額が1億円超の，プロの投資家どうしによるものと考えてよい。

　このように解説すると，自己資本が経営者にとっては使い勝手のよい資本でありその方法によってのみ資金調達すればよいように感じるかもしれないが，株式の新たな発行はそれまでの出資比率（持株比率）や株価に影響を与える。他人資本の調達は税の控除に組み入れること（損金算入）ができる場合もあり，また返済しなければならないものであるから無計画な運用はできないという意味で，自己資本と他人資本のバランスの取れた調達も有意義な場合がある。

　他人資本の調達をデット（debt）・ファイナンス，自己資本の調達をエクイティ（equity）・ファイナンスということがあるが，これらの折衷的なものとして，メザニン（mezzanine）・ファイナンスというものもある。劣後ローンやハイブリッド証券（劣後債，永久債など）発行によるものであるが，劣後ローンとは他人資本（資金調達した企業からすれば負債）ではあるものの，返済順位が他の負債よりも低いものを言う。結果として限りなく自己資本に近い。企業の支援目的だが利息がやや割高で経営規律維持を求められるなどの制約もある。なお，劣後債は劣後ローンと同様に支払い順位の低い社債であり，永久債は償還期限がなく，元本の返済は基本的に不要で利息の支払いのみ継続されるものである。

▶§4＿　内部資金と外部資金

　調達先が企業の内部か外部かで区分することもできる。経済社会には，資金を供給してくれる投資家等による資本市場が存在するが，その資本市場から資金を調達すると，外部資金の調達ということになる。直接金融・間接金融も，自己資本・他人資本も，大抵は外部資金である。一方内部資金は，利益の内部留保や減価償却等が挙げられる。減価償却とは，減価償却可能な資産（不動産，自動車その他経年劣化する資産の多く）について，例えば購入額が100万円の自動車を購入年に一括で100万円経費計上するのではなく，5年の償却期間中均等に20万円ずつ計上するものである。こうすることによって，1年だけでなく5年にわたり経費計上でき，税の控除が期待できる。

▶ §5__ 資金調達の方法

　すでにみてきたように，資金調達方法には多様なものがあるが，会社法が想定する方法を整理しておこう（株式，社債，新株予約権の詳細は各章に委ねる）。

　まず，金融機関等からの借入れや，CP利用による資金調達である。会社の経営判断として，基本的に自由に行いうるが，「多額の借財」に該当する場合，取締役会設置会社では各取締役に委ねることはできず，取締役会で決定しなければならない（会社362条4項2号）。ただし，指名委員会等設置会社はこの限りではなく（原則として執行役による決定），監査等委員会設置会社で取締役の過半数が社外取締役の場合は取締役会の決議により取締役に委任することができる（会社416条1項2号・399条の13第5号柱書）。どの程度の借入金額が「多額の借財」に当たるか否かは，会社の規模や内部規則等によって変動しうる。

　次に，株式会社において特に用意されているのが，株式の発行によるものである。上場会社の場合，一般個人投資家は「株式を購入」している感覚であろうが，本来，株式は出資者たる地位を表すものであり，株式会社の実質的所有者となることを意味する。もちろん資本多数決により多数の株式を保有する者の意向が優先されるから，数株を保有するだけの個人では実質的所有者の意識があまり湧かないのも仕方ないことではある。しかしながら，株式会社の創立者や大株主はまさに実質的所有者である。したがって，会社設立の後，資金調達の必要に迫られ株式を新たに発行する（保有する自己株式を売却する場合を含む）ことは，株主間の出資比率に影響を与え，株価も変動しうる。経営への関与（株主権の行使）も考えねばならない。一方で，原則として返済の義務のない資金である（株式買取請求権のある場合など例外はある）。

　社債は，株式会社以外の会社でも発行できるようになったが，社債とは，会社が債務を負うものであるという点で借入金と大差はなく，元本の返済（と利息の支払い）が必要である。ただし，広く公衆に募集することによって小口ではあるが全体として多くの資金を調達することが理論上可能であり（1人から1000万円借りるより，1000人から1万円借りる方が1人1人の負担は少なく済む），金融機関からの借入れよりは会社にとって有利な条件で調達できる。株式と異なり，社債権者はあくまで会社の債権者の立場であり実質的所有者ではないから，

★Topic_03　資金調達の実際──ストラクチャード・ファイナンスなど

　本文で,資金調達の方法としてデット・ファイナンス（他人資本の調達）とエクイティ・ファイナンス（自己資本の調達）のほか,折衷的なメザニン・ファイナンスを紹介したが,様々な形での金融が実務上考案されている。ストラクチャード・ファイナンス（structured finance）とは「仕組み金融」と訳されることがあるが，その定義は広く用いる者によって意味合いが異なる。簡単に言えば企業の事業や，その保有する資産の価値を，企業の信用力とは切り離して証券化するなどし，これを裏付け（ある意味では担保のように）として資金調達することである。もう少し正確に言えば，技術的には事業や資産を特別目的会社（SPC）に移転するなどして，企業本体と切り離すこととなる。それゆえ，当該事業や資産が優良であれば，企業本体の信用よりも好条件での資金調達が可能となる。

　なお，メザニン・ファイナンスで解説した劣後ローンは，一例として令和2年度第2次補正予算で「中小企業向け資本性資金供給・資本増強支援事業」が盛り込まれ，「新型コロナ対策資本性劣後ローン」が提供されている。本書を執筆中にいわゆるコロナ禍が世界を覆い尽くしたが，経営状況の悪化に対応するため，様々な支援策がある。持続化給付金や家賃支援給付金のように返済の必要のないもののほか，低利率の貸付なども用意されている。金融機関は様々な融資を事業として行っているわけであるが，例えば株式会社日本政策金融公庫は，「一般の金融機関が行う金融を補完することを旨とし，国民一般，中小企業者及び農林水産業者の資金調達を支援するための金融の機能を担うとともに，内外の金融秩序の混乱又は大規模な災害，テロリズム若しくは感染症等による被害に対処するために必要な金融を行うほか，当該必要な金融が銀行その他の金融機関により迅速かつ円滑に行われることを可能とし，もって国民生活の向上に寄与することを目的として業務を行っ」ている（同公庫HPより）。当然のことながら，条件はそれぞれ定められており，必ずしも融資を受けられるわけではないが，ごく小規模な会社が株式や社債を発行しても引受け手がいないこともあるから，経済的信用度を考慮に入れながら，様々な資金調達を模索する必要がある。

【道野真弘】

経営への関与などはできない。

　新株予約権も，一応は資金調達に用いることのできるものである。これは株式と引き換えてもらえる権利のことであるが，例えば1口の新株予約権を1万円で取得しておけば，行使期間内に，1株500円で1000株までの株式と交換し

★Topic_04　支払決済のデジタル化と手形の廃止（2026年）

　デジタル化の時代である。株券は平成21（2009）年に上場会社では使用できないこととなった（上場会社以外では定款に記載すれば発行可能である）。オンライン技術の発達も大きな要因であるが，その発行数，流通量からして，紙がかえって流通を阻害することとなったからである。すなわち，印刷，作成，さらには作成後の流通の際の輸送コスト（盗難保険なども含まれる）である。

　同様のことが手形にも言える。約束手形および為替手形があるが（日本では約束手形の利用が多い），いずれも全国銀行協会により様式を整えられた手形だけが認められ，これを協会に加盟する銀行の当座預金口座を持つ者が利用する。手形の場合，株券と異なるのは，支払い決済手段であるから現金化されるまでの時限的なものであるが，領収書などと同様に印紙税がかかることである（印紙税法）。さらに，手形は支払い期限を先延ばしするものでもあり，中小事業者の資金繰りを圧迫するとも言われる。メリットがデメリットにもなりうる好例であろう。公正取引委員会と中小企業庁は，支払期日を60日以上に設定している事業者（手形振出人）に対して，その短縮を求めた（日経新聞令和4（2022）年2月16日朝刊）。これと連動して，政府はまず令和6（2024）年までに60日以上の長期にわたる手形を規制し，銀行振込または電子記録債権（紙の手形に代わるいわゆる「電子手形」）への移行を促すようである（同20日朝刊）。

　手形交換所での交換高は年々減少しているが，それでも令和3（2021）年は100兆円を超えており，令和8（2026）年に完全に廃止できるかどうかは不透明である。手元資金に乏しい中小事業者にとって支払いの先延ばしはメリットでもあるし，業界における商慣習もある。今後手形決済のデジタル化を進めるには，電子手形を仲介するでんさいネット（株式会社全銀電子債権ネットワークの愛称）の利便性向上（利用料引き下げなど）が鍵となるであろう。令和3（2021）年には22兆円を超える取引決済がなされたという。

　でんさいネットにおけるでんさい（電子記録債権の愛称）は，紙の手形同様，第三者への譲渡も可能であるが，振出人だけでなく受取人や譲受人もでんさいネットを利用する必要がある。振出人，受取人，第三者（譲受人）という登場人物を考えるといわゆる手形理論類似の考え方はできそうではあるが，ネットのセキュリティは紙の手形よりは格段に高く，盗難等による善意取得者保護の必要性はあまりなさそうである。不正な債務発生（紙の手形の偽造に類似）等についての対処や責任の所在など，詳細な業務規程が定められている。詳細は，本書08章を参照。

【道野真弘】

てもらえるというものである（行使するか否かは新株予約権者の自由である）。もっとも，一般的には役員や従業員へのインセンティブ報酬（会社の業績と連動した報酬）として交付したり，または敵対的買収への対抗策（買収防衛策）として用いられることも少なくない。後者は敵対的買収者以外の既存の株主に対して，持株数に応じて新株予約権を割り当て，敵対的買収者の持株比率を下げるために株主に行使してもらう。インセンティブ報酬も含め，このような場合は取得額や行使価額を限りなくゼロに近づけるため，資金調達目的と言えるかは微妙である。資金調達目的としては，新株予約権付社債がある。これは社債に付加されるものであり，分離して譲渡等をすることはできない。すなわち社債でありながら新株と交換することもできることで，社債だけの発行よりは利率を下げて発行することができる。

▶§6__　資金調達における視点

　資金調達を考える際に，どのような視点で検討すべきかを，簡単に整理しておきたい。資金調達は必要に応じて，機動的に行われるべきものである。また金銭消費貸借契約や株式発行に伴う株式引受人との関係において，いわゆる取引の安全の見地から，法定の手続を経ていなくても善意の第三者保護の要請が働くときがある。

　関連して，資金調達にあたって株主の意思を反映する必要があると同時に，既存株主の保護の要請も働く。とりわけ株式の新たな発行の場合に，既存株主の持株比率の低下や株価の低落をもたらしうるためである。一方で機動的調達の要請も働くから，このバランスをどう調整するのかというのは，会社法の規制も腐心しているところである。例えば授権資本制のほか，株式会社の機関設計として，従来型が取締役会の優位性を維持し多額の借財など様々な業務執行の決定を各取締役に委任することを認めない一方で，指名委員会等設置会社では執行役に多くの業務執行を委ねており，監査等委員会設置会社では社外取締役の過半数選任の条件下で，各取締役への委任を認める。資金調達により既存の株主にとっても経営財務環境の改善など利点もあり，機動性を高めつつ，経営陣に対する監視監督に怠りのないような工夫をしているわけである。

03章__ 株式による資金調達

▸§1__ 総説

　株式会社は設立の際にも株式を発行し，出資者がそれを引き受ける。会社成立後に資金を必要とする場面で株式の発行によることはある意味必然であるが，新たな出資者を会社に招き入れることになることもあり，既存の出資者に影響を与える。そのため，既存の出資者の権利保護を図りながら手続を進める必要がある。一方で，設立の際よりは機動的な資金調達が求められる場面でもある。

▸§2__ 株式の種類

▸▸1　総説──株主平等原則

　株主平等原則により，株式は同一内容である必要があるものの，会社の必要性や，投資商品として投資家のニーズに応えるため，いくつかのバリエーションが認められる。それを種類株式と呼ぶ。

　株主平等原則につき，資金調達のみならず，株式会社における重要な原則であるので付言しておくと，株式は株主たる地位を表すものであり，本来，一つ一つが均質であることが大きな意味を持つ。そして，それを多く持つ者がそれに比例して多く発言できるものとするのが一株一議決権および資本多数決の意味するところである。1株持つ者は1票，100株持つ者は100票を株主総会で投票できるわけである。したがってこの原則は株式平等原則とも言われ，条文上も数に応じて平等の取扱いをするよう求めている（会社109条1項）。また同条文は，内容に応じた平等の取扱いを定めており，株式の種類ごとに別々の取扱いを受けることは，同原則の例外とも，らち外とも考えることができる。

　なお，非公開会社では株主ごとに別異の取扱いをすることを認める（同2項）。その場合は各株主の有する株式を異なる種類の株式とみなされる（同3項）。

株主平等原則との関係で1点だけ紹介しておきたいのは株主優待制度である。これは株主に対して自社の商品やサービスを与えるものであるが，大抵が100株以上など一定の株を保有する者に与えられる（反対に一定数未満の者はもらえない）。自社の株式を長期にわたって保有してもらいたいという会社の株主に対するIR（Investor Relationship）の一環であり，会社法上の制度ではないから常識の範囲内では株主平等原則に反しないと考えられている。もっとも，10万株以上の株主にのみ与えられるとか，そこまで極端ではなくても航空優待券のように金券ショップで現金化できるような場合は剰余金配当に類することになるので，同原則に反する可能性がないわけではない。

▶▶2　株式の内容についての特別の定め

株式会社が発行する全部の株式について，一定の内容を，定款により加えることができる。3種類認められており，㋑株式を譲渡する際に会社の承認を要する旨（譲渡制限株式），㋺株主が会社に対して当該株式の取得を請求することができる旨（取得請求権付株式），㋩会社が一定の事由が生じたことをもって株主に対して株式の取得をすることができる旨（取得条項付株式）を所定事項も含めて定款に定めることで発行することができる（会社107条）。㋑は小規模閉鎖的な会社で株主の個性を重視する場合に用いられることが多い。

▶▶3　異なる種類の株式

先述の通り，会社と株主の思惑により，投資商品としての株式にバリエーションを持たせることがある。大抵の株式会社は剰余金配当請求権と議決権を主とする株主権をフルに備えた内容の1種類の株式しか発行していないが，異なる種類の株式として優先配当株式を発行したり，子会社の業績と連動した株式を発行したりすることがある（複数発行している場合，その会社で最も多く発行される一般的な株式を「普通株式」と呼ぶことがあり，ここでもそう呼ぶこととする）。

【1】　剰余金配当および残余財産に関する種類株式（会社108条1項1号2号）

普通株式と比較して，剰余金配当等を多くしたり少なくしたりすることがある。多くすることで投資商品としての魅力を高めたり，オーナー株主が経営再建のため配当を低くするなどである。純粋持株会社において，ある事業を行う子会社の業績と連動した剰余金配当をする株式（トラッキング・ストックとも呼ばれる）などもある。

【2】 議決権制限種類株式 (同3号)

株主総会における議決権を限定する株式，端的には全ての議決権を制限する株式 (無議決権株式と呼ぶことがある) を発行することがある。通常，【1】と組み合わせることが多いが，それは配当利回りを多くすることで投資家心理を刺激するとともに，普通株式の株主とバランスを取るため，議決権を制限するわけである。先述のトラッキング・ストックとの関連では，子会社関連の事項についてのみ議決権を認めることがある。

【3】 譲渡制限種類株式 (同4号)

▶▶2の①は全ての株式を譲渡制限株式とするものであったが，一部の株式を譲渡制限とすることがある。後述の【7】などと組み合わせて用いることが多い。

【4】 取得請求権付種類株式 (同5号)

▶▶2の㋺と同様であるが，一部の (普通株式とは別の) 株式を取得請求権付とすることにより，例えばその株式を別の種類の株式等と交換することを株主が請求できるようにするものである。交換できるものは特に制限されておらず，現金による場合の他，他の種類株式，社債，新株予約権等である。

【5】 取得条項付種類株式 (同6号)

▶▶2の㋩と同様であるが，一部の (普通株式とは別の) 株式を取得条項付とすることにより，一定の事由が発生した際に，会社の都合によって他の株式等と交換できるものである。例えば【1】の優先配当株式を長期にわたって発行し続けることは会社にとっても負担であるので，5年間と期限を区切り，5年経過を条件として普通株式と交換するなどである。

【6】 全部取得条項付種類株式 (同7号)

【5】のように会社が取得する事項をあらかじめ定めているわけではないが，諸事情により会社が発行する株式を全て買い戻したい場合 (要するに100%減資のような場合)，従来であれば全ての株主に同意してもらう必要があったが，株主総会の特別決議により全ての発行株式を取得できるようになった (会社171条・309条2項3号)。このことにより，既存株主全員に退出してもらい，新たなスポンサーとなる出資者を見つけることが容易になり，破綻しそうな会社の再生型スキームとして用いられる。

【7】 拒否権付種類株式 (同8号)

株主総会で決議されるべき事項につき，ある種類株式を保有する株主による

種類株主総会における承認をも必要とすることができる。普通株式を保有する株主による株主総会は合併等会社の根幹に関わることも審議されるが、これとは別に、会社に友好的な者にこのような種類株式を保有してもらうことにより、敵対的買収のような提案について拒否権を設ける形での買収防衛策などに活用される。また前述の【3】と組み合わせ、譲渡する際は会社の承認が必要とすることで、敵対的買収者への流出がないようにする。もっとも、会社にとって有益な提携提案さえ拒否される可能性があるため、投資家が投資をためらうことにもなりかねないので、上場企業は発行を制限されており、大企業で用いられることはあまり多くないと思われる。

【8】 取締役・監査役選任権付種類株式 (同9号)

複数の会社が、ある事業を共同で行うために子会社を設立するとか、投資企業が投資先会社に役員選任権を通じて影響力を維持しようとする場合に、このような種類株式を発行する。例えばA会社とB会社が合弁会社であるC会社を設立する場合に、A社B社ともにC社取締役1名ずつ選任する権限を付した株式を有することとするなどである。

ただし、この種類株式は、指名委員会等設置会社および公開会社では発行できない。前者は指名委員会が役員を選任するためであるが、後者の公開会社であるか否かを基準とする点には、規模の大きな会社でもこのような種類株式を発行したい場合はあるとして、批判もある。とはいえ、親会社等の影響力維持のために合弁会社など子会社は株式の譲渡制限をかけていることが一般的であるし、また公開会社では多数の株主の存在も考えられる中で特定の株主だけが役員を選任することができるのは問題であろう。

▶ §3__ 株式買取請求権

株主は、会社に対して出資の払戻しを請求できないことが大原則であり、その代わりとして、株式の自由譲渡性が付されている。ところが、合併等会社の根幹に関わる変動がある際は、市場での売却が困難となる。合併等に賛成の株主はそれでもよい(保有し続ければよい)が、反対の株主は困る。市場での売却が困難な場合もある。そこで、株主総会において反対の意思表示をした株主に、会社に対して株式の買取りを請求することができることとした(会社785条・797条・806条・816条の6など)。

▶§4 授権資本制

　授権株式制ともいう。後述するように，株式の発行には原則として株主総会の決議を必要とする。持株比率や株価などで，既存の株主に対する影響が大きいからである。ところが，大企業では開催まで少なくとも2週間，通常は準備も含め1，2か月を要する株主総会の開催を待っていては機動的な資金調達ができない。そこで，公開会社では，既存の株主保護との兼ね合いで，発行済株式総数の4倍までは定款に定めることによって，発行可能株式総数として，取締役会限りで決定，発行することができる（会社113条・199条・201条）。青天井で発行できるとすると，既存株主の持株比率や株価の急低下が起こりうるからである。

▶§5 単元株制度

【1】 投資単位
　株式について，従来は株券の発行が原則であり，これに5万円など額面額を記載することが一般的であった。しかし，額面と実際の株式の価値は一致しないことがほとんどである。株式は原則として1株が最小単位であるから，「会社資産÷発行株式数＝1株当たりの価値」であり，例えば発行株式数が不変でも会社資産が増えれば1株あたりの価値は上がり，会社資産が不変で発行株式数が増えれば価値は下がるというように一定の値ではなく額面額との論理必然性はない。そこで額面株式を廃止し，全て無額面株式にした。
　実は上場会社を主として，投資単位を5万円程度に統一しようとする政策が一時取られていた。株式の額面には50円，500円など貨幣価値の変動もあり会社ごとにまちまちであったところ，株主管理コストとの関連で1株は5万円程度が妥当であろうという判断であった。これを単位株制度といい，50円額面の株式は1000株でまとめ，500円額面の株式は100株でまとめるといったようにである。徐々に単位未満の株式が統合されていけば，最終的には5万円の株式1株に併合する予定であった。ところがこれが功を奏さず，そうこうしているうちに1株をいくらの投資単位にするかは会社の経営判断に属することであって，法が規制することではないという意見が多数を占めるようになった。

★Topic＿05　上場と株価

　株式を証券取引所（証券市場）で取引することができる会社を上場会社と言い，市場価格が形成される。株価は，複雑な要素が絡んでおり，中でも会社の業績や社会の景況等に影響されるが，当然のことながら需要と供給のバランスによって決まる。ということは，上場に至る前段階（会社法の定義とは異なるが非公開会社とか非上場会社と呼ばれる。後者は上場間近のイメージもなくはない）では，経済的信用は低く知名度もないので，関係者以外に株式を欲する者も少ない。つまり株式取引の機会が一般的に少ない。閉鎖会社（会社法の定義による公開会社ではない会社）はもちろんのこと上場前は，株式価格の評価も困難が伴う。株式買取請求に伴う買取価格の決定などで，評価方法は様々に検討されているが（→★Topic＿02，07参照），これといった決め手はない。

　会社の業績が向上し，証券取引所での取引を望むこととなると，上場基準をクリアすれば上場が認められる。株式会社（旧有限会社を除く）は200万に達しない程度あるが，大会社は約9000社と推定され，上場会社は3780社程度しかない。

　非上場会社が上場を目指すとき，IPO（Initial Public Offering）という言葉が使われることがある。新規公開株と訳されるが，もともと市場価格もないところからいくらの払込金額にするのが妥当か判断する必要がある。そんなときに用いられるのが，入札方式と本文でも出てきたブックビルディング方式である。

　入札方式とは，一定期間内にいくらで購入するか投資家に入札してもらい，そこから公募価額（払込金額）を算定するものである。ブックビルディング方式とは，需要積み上げ方式ともいい，これは上場会社が新規に株式発行する場合にも用いられるが，株価の評価能力に長けた機関投資家にどの程度なら購入するか打診し，その仮条件を一般投資家に提示して実際の公募価額を決定する。実際には，IPOが成功するように，この数値より若干ディスカウントするようである。

【道野真弘】

　そのため，単位株制度は廃止され，次に説明する単元株制度に受け継がれた。

【2】　単元株

　単位株制度が廃止されるにあたり，では元通り50円とか500円の株式にしてしまうと，株券が発行されていた当時，「500円額面の100株」株券1枚を発行していたとして，株主から500円額面の株券を100枚発行するよう求められると応じざるを得ないが，そのコストは膨大である。また株主管理コストの問題は依然として残る（株主総会招集通知等年間に郵送などする費用を考えれば1株が50や

500円では足が出る）。そこで，もちろん複数の株式を適正な価値になるよう併合することも可能だが，1株の価値を変えることなく，複数の株式を一つにまとめてそれを1単元とする単元株制度が導入された。

単元株とは，何株かを1つにまとめて，それを議決権等行使の最小単位にするものであり（会社2条20号・188条1項），1単元は1000株または発行済株式総数の200分の1を上回ることはできない（会社188条2項，会社規34条）。あまりに大きく括ると，一部の株主だけで株主総会を牛耳ってしまえることになるからである。種類株式を発行している場合は，その種類株式ごとに単元を定める（会社192条2項かっこ書）。

1単元の株式数を増加させる場合は議決権の行使等ができない単元未満株式が発生するため株主総会による定款変更の特別決議が必要だが，減少させる場合は取締役（会）で決することができる（会社191条・195条）。なお，株式分割と同時に1単元の株式数を増加する場合でありかつ単元株式数について定款に定める場合であって，その定款変更後に各株主の有する株式の数を単元株式数で除して得た数が，その定款変更前において各株主がそれぞれ有する株式数を下回らないときは株主の利益に変更はなく，株主総会決議は不要である（会社191条）。

単元未満株式は基本的には流通を予定しないものであるから，株券発行会社であっても株券を発行しない旨定款で定めることができる（会社189条3項）。単元未満株主には，買取請求権が与えられる（会社192条）。

単元未満株主は総会における議決権等の権利行使ができないほかは，株主としての権利を有する（会社189条1項・2項）。会社は定款に定めることにより権利を制限することができるが，会社法189条2項に列挙される直接に持分の消長をきたす権利（取得条項付株式を会社が取得するための対価を受ける権利など）は制限できない。会社は，単元未満株式の売渡請求権を単元未満株主に認める定めを定款に置くことができる（会社194条）。

▶§6__ 株式発行手続

▶▶1 総説

株式を発行する（自己株式を引き受ける者を募集する場合を含むため，会社法第2編第2章第8節は「募集株式の発行」とされている。本章で株式発行という場合，原則

として自己株式の処分も含む）際は，機動的な資金調達と，既存株主の保護，株主の平等に配慮する必要がある。株式の発行には株主割当，第三者割当，公募があるが，株主割当は株主平等に注意しさえすればよいところ，第三者割当と公募については既存株主保護の方策も考えねばならない。

▶▶2　募集事項の決定

【1】　前提

条文の順序に則して説明すると，募集株式の発行の際には，その都度，次に掲げる事項を株主総会の決議によって定める（会社199条1項・2項）。①募集株式の数（種類株式発行会社では募集株式の種類および数），②募集株式の払込金額，③金銭以外の財産を出資の目的とするとき（いわゆる現物出資）は，その旨ならびに当該財産の内容および価額，④募集株式への払込または現物出資の給付の期日または期間，⑤新たに株式を発行するときは，増加する資本金・資本準備金に関する事項。

募集事項は，募集ごとに，均等に定めなければならない（会社199条5項）。

【2】　有利発行

【1】②の払込金額が，募集株式を引き受ける者に特に有利な金額である場合には，取締役は，株主総会で，当該払込金額でその者の募集をすることを必要とする理由を説明しなければならない（会社199条3項）。詳細は後述する。

【3】　種類株式発行会社で，発行する株式の種類が譲渡制限株式であるとき

標記のとき，当該種類株式に関する募集事項の決定は，当該種類株主総会の決議がなければならない（定款でその必要がないものとされる場合および当該種類株主総会で議決権を行使することができる種類株主が存しない場合を除く）。

【4】　募集事項の決定の委任

会社法199条は，【1】～【3】のごとく定められているが，会社法の他の規定ぶりの多くと同様に，基本的には最高意思決定機関としての株主総会を主体としている。しかし，それは中小の閉鎖的同族会社を前提とするものであって，業務執行機関としての取締役（会）に決定を委ねる方が発行を機動的に行いうる。そこで，株主総会は，取締役（取締役会設置会社では取締役会）に募集事項の決定の委任をすることができる。その際，募集株式の数の上限および払込金額の下限を定める必要がある（会社200条2項）。

この払込金額の下限が特に有利な金額である場合には，【2】と同様に取締

役は株主総会で説明する必要がある（会社200条2項）。

　株主総会による取締役（会）への委任は，1年間有効である（会社200条3項）。

　種類株式発行会社で，募集株式が譲渡制限株式であるときは，【3】に準じる（会社200条4項）。

【5】　公開会社の場合

　【2】と同様に特に有利な発行金額となる場合を除き（この場合は株主総会の特別決議が必要），取締役会で募集事項を決定することができる（会社201条1項）。また，市場価格のある株式を引き受ける者の募集をするときは，【1】②に代えて，公正な価格による払込みを実現するために適当な払込金額の決定方法を定めればよい（会社201条2項）。一般的にブック・ビルディング方式が用いられるという（→★Topic_05参照）。

　取締役会が募集事項を決めたときは，会社法199条1項4号に規定する払込または給付の期日または期間の初日の2週間前までに株主に対し募集事項を通知または公告をする必要がある（会社201条3項・4項）。ただし，同日までに金融商品取引法に規定される有価証券の募集または売出し（金商4条1号〜3号）の届出をしている場合その他株主の保護に欠けるおそれがないものとして法務省令で定める場合には，改めて通知する必要はない（会社201条5項）。

【6】　株主割当て

　株主に株式を割当てる場合，会社199条1項所定の事項に加え，割当てを受ける権利を与える旨および引受けの申込期日を定めなければならない（会社201条1項。なお，種類株式発行会社にあっては，当該株主の有する種類の株式と同一のものを割当てることがここでいう株主割当てである）。株主割当ての場合，株主はその保有する株式数に応じて株式の割当てを受ける権利を有するが，1株に満たない端数がある場合は切り捨てとする（会社201条2項）。募集事項等の決定機関については同条3項参照。

　募集事項等は，株主による引受けの申込期日の2週間前までに，株主に対して通知しなければならない（会社201条4項）。

▶▶3　募集手続

【1】　株主への通知・公告

　先述の通り，募集事項が決定すると株式発行について通知・公告の義務が課される（会社201条3項・4項。株主割当ての場合について202条4項）。これは，差止

めの機会を与える意味もある。ただし金融商品取引法に基づく有価証券届出書などに記載のある場合，公告は不要である（会社201条5項）。

【2】 申込み・割当て・引受け

　会社は，募集株式の引受けの申込みをしようとする者に，所定の事項を通知しなければならない（会社203条1項）。申込みは，所定事項を記載した書面または電磁的方法により行う（会社203条2項・3項）。ただし，金融商品取引法に規定する目論見書を申込者に交付している場合その他申込者の保護に欠けるおそれがないものとして法務省令で定める場合および1人の申込者が全ての募集株式を引受ける場合には，この限りではない（会社203条4項・205条1項。譲渡制限株式については別。会社205条2項）。株主割当ての場合，期日までに申込まない株主は失権する（会社205条4項）。なお，大規模な会社では，申込時に申込証拠金を，払込金額と同額添えて申し込むのが実務である。

　申込みに対して，会社は株式の割当てをすることになるが，申込者の立場からすれば，割り当てられた株式について，株式引受人の地位に立つ（会社204条・206条）。総株式を1人の者が引き受ける場合は特に割当ては不要だが（会社205条1項），それ以外の場合，どのように割り当てるかは自由である（株式割当て自由の原則）。先着順，按分比例での割当てなど，会社事務手続上便利な方法を選択すればよい。ただし，経営者が支配権維持のために支持派にのみ割り当てるなどの場合は不公正発行とされる可能性はあり，自由といっても当然限界はある。

【3】 現物出資

　設立の場合（→NB会社法 I 08章▶§3参照）と異なり，定款への記載は不要である。必要としてしまうと株主総会の専決事項となり授権株式制の趣旨に反するため，取締役会等による決定でよい（会社199条1項3号・200条1項・201条1項）。設立の際発起人に限定されるのとは異なり現物出資できる者の制限はないが，原則として検査役の調査が必要であり，それが不要である場合についての規定は設立の際とほぼ同様である（会社207条）。ただし，検査役の調査を不要とする場合として，設立の際にはない類型がある。一つは現物出資者全員に割当てる株式の総数が，その株式発行直前の発行済株式総数の10分の1を超えない場合と，現物出資財産が会社に対する債権である場合である（会社207条9項1号・5号）。後者については，いわゆるデット・エクイティ・スワップと呼ばれるもので，会社法で新設された。本来，会社に対する債権と，株金の払込という債務とを株式引受人の側から相殺することはできないが（会社208条3項。資本充実

の観点からは現金が確実に会社に払い込まれるべきだからである）、当該債権を債権者から現物出資財産として給付してもらうことは、債務の縮減にもつながり会社にとっても利益となるからである。引受人に割り当てられる株式は債権の名目額を基準とすることになるが、債権の実際の価値と交付される株式の数とを比較して株式数が多い場合は有利発行となる可能性はある。

【4】 引受けの無効・取消しの制限

　設立時と同様に、民法の意思表示の瑕疵（かし）・欠缺（けんけつ）の規定については、心裡留保（しんりりゅうほ）・通謀虚偽表示を理由とする無効の規定は、募集株式の引受けの申込み・割当て・総株式引受契約には適用されず、株主となった日から1年経過後または株主権の行使後は、錯誤・詐欺・強迫を理由とする引受けの取消しをすることができない（会社211条）。

▶▶4　公開会社における支配株主の異動を伴う募集株式の割当て

　平成26（2014）年改正で導入されたものであるが、本来、経営者が株主を選ぶべきものではない。ところが資金調達の必要等種々の事情からそのような事態が起こりうる。そこで、既存の株主保護の見地からも、株主総会の承認を要することとした。ただし、組織再編とは一線を画すものであり、株主総会の承認は必ずしも必要ではなく必要である場合も普通決議でよく、反対株主に対する株式買取請求権も定められていない。

　規制対象となるのは例えば議決権ある発行済株式総数が100万株の会社で、新たに議決権のある200万株を発行する際に、そのうちの160万株が1人の引受人（その子会社等を含む）に引き受けられる場合である。すなわち、募集株式の発行によって議決権の過半数を得ることになる新たな株主が出現する場合であり、当該会社の親会社等への割当てや、株主割当ての場合は含まれない。支配株主に変動がないからである（株主割当ての場合も支配株主がその地位を維持したければ引き受ければよいだけのことである）。

　会社は、払込みまたは給付の期日または期間の初日の2週間前までに当該引受人の氏名または名称および住所、当該引受人（子会社等を含む）の引受け、株主となった場合に有することとなる議決権の数を、株主に対して通知・公告しなければならない（会社206条の2第1項・2項。金融商品取引法上の届出をしている場合は不要。会社206条3項）。

　このような状況において、総株主（この項の株主総会で議決権を行使できない株

主を除く）の議決権の10分の1（これ以下の割合に定款で定めることはできる）以上の議決権を有する株主が，通知・公告の日から2週間以内に，この引受けに反対する旨を会社に対して通知したときは，会社は，1項所定の期日（期間の初日）の前日までに，株主総会の承認（普通決議）を得ることを要する。ただし，当該会社の財産の状況が著しく悪化している場合において，事業の継続のため緊急の必要があるときは，この限りでない（会社206条の2第4項6項）。

▶▶5 出資の履行

募集株式の引受人は，払込期日または払込期間内に，会社が定めた払込取扱場所（銀行等）において，金銭出資の場合は全額を払込み，現物出資の場合は全額に相当する現物出資財産を給付しなければならない（会社208条1項・2項）。払込み・給付がない場合は，株式引受人は当然に失権する（会社208条5項）。

▶▶6 効力発生

払込期日を定めている場合は，それまでに払込みがあったものについては払込期日に，払込期間を定めた場合は払込みの日に，新株発行の効力が生じ，株式引受人は株主となる（会社209条1項）。このように，発行予定新株の全ての払込みがなされなくても新株発行は成立する。もっとも，実務的には公募の際には証券会社が買取引受けを行うなど，失権株は生じないようである。

なお，発行済株式総数の増加があり，資本金額が変動するような場合は，変更登記が必要である（会社911条3項5号・9号・915条1項・2項）。

▶§7__ 既存株主の保護

▶▶1 総説

ここでは，既存株主保護の観点から整理することとするが，資金調達による自己資本の増加は，財務上の安定性確保，企業の長期的発展に資する。これは会社の利益ではあるが，ひいては株主の利益でもある。一方で，募集株式の発行により，既存の株主にとっては持株比率の低下，株価の下落といった，経済的利益を害する結果にもなりうる。もちろん，上場会社の株主は，証券市場において株式を取得することにより一定の持株比率を回復することができ，また授権資本制による一定の歯止めはある。公開会社ではない会社は募集事項の決

定機関が原則として株主総会であり（会社199条2項），譲渡制限株式が割り当てられる場合の，申込者から株式を割当てる者および割当てる数の決定機関も原則として株主総会であるから（会社204条2項），株主の意向が反映されていると言える。とはいえ，それでもなお上記のような不利益は生じうるのであるから，できる限り既存株主の利益を損なわないよう配慮しながら資金調達を図ることができる場面ではそうするに越したことはない。

▶▶2 有利発行

　まず，株式を引受ける者の払込金額が，その者にとって特に有利な金額である場合には，募集事項の決定が取締役等に委ねられている場合でも，株主総会での特別決議を必要とする（会社199条1項～3項・201条1項・309条2項5号）。この場合，取締役は，株主総会で，当該払込金額でその者の募集をすることを必要とする理由を説明しなければならない。株主の判断材料になるよう，ある程度具体的に説明する必要があるが（必要な開示なく，または虚偽が含まれる説明の場合は決議取消事由に該当しうる），最終的には総会の判断による。

　何をもって「特に有利な払込金額」と言えるか。この点について，日本証券業協会の自主規制（第三者割当増資の取扱いに関する指針）によると，増資に係る取締役会決議の直前日または直近日（直前日に市場での取引がない場合）の価額の90％以上である場合はこれに当たらないとする。また，市場価額が乱高下しているとか売買高の状況が異常であるなどの場合には当該決議の日から発行価額を決定するために適当な期間（最長6か月）を遡った日から当該決議の直前日までの間の平均額を基準とすることもでき，その90％以上であれば特に有利な払込金額には該当しない（東京地決平成16・6・1判時1873号159頁〔百選20事件〕）。

　もっとも，上場会社でなければ基準となる市場価格はないから，判断には困難が伴う。最高裁は，下級審が有利発行と認めたものを破棄自判して，以下のように述べている。「……様々な評価手法が存在しているのであって，どのような場合にどの評価手法を用いるべきかについて明確な判断基準が確立されているというわけではない。また，個々の評価手法においても，……ある程度の幅のある判断要素が含まれていることが少なくない。株価の算定に関する上記のような状況に鑑みると，取締役会が，新株発行当時，客観的資料に基づく一応合理的な算定方法によって発行価額を決定していたにもかかわらず，裁判所が，事後的に，他の評価手法を用いたり，異なる予測値等を採用したりするな

どして，改めて株価の算定を行った上，その算定結果と現実の発行価額とを比較して『特に有利なる発行価額（現行法の「特に有利な払込金額」と同意。引用者注）』に当たるか否かを判断するのは，取締役らの予測可能性を害することともなり，相当ではない……」。その上で，客観的な資料に基づいて合理的に判断していること，株価の急変に至るような特別の事情もうかがわれないことを認定している（最判平成27・2・19民集69巻1号51頁〔百選21事件〕）。

　株主総会決議を経ない第三者への有利発行の効力はどうなるか。最高裁は，上場会社の事例で，代表取締役が新株を発行した以上，無効原因とはならないとする従前の見解を引用している（最判昭和40・10・8民集19巻7号1745頁を引用する最判昭和46・7・16判時641号97頁〔百選22事件〕）。この判決は有利発行か否かの判断を示さず，代表取締役が発行したという外観を重視し，取引安全の見地から有効としていることから学説では批判も強かった。その後，最判平成24・4・24民集66巻6号2908頁〔百選26事件〕（なお，このケースは違法な新株予約権の行使に伴う株式発行の事例である）が，非公開会社で株主総会の特別決議を経ないまま株主割当て以外の方法による募集株式の発行がされた場合，その発行手続には重大な法令違反があり，この瑕疵は上記株式発行の無効原因になるとする判断を示している。裁判所の立場からは，上場会社ではより取引の安全を重視して無効とはせず，とりわけ公開会社ではない会社については譲渡制限株式の発行ということになるから，株主総会の特別決議を経ない場合は無効原因となるとの見解もある。その他，公開会社が譲渡制限種類株式を発行する場合はどうかは問題となりうるし，前述の昭和46年最高裁判決を前提としても，発行された株式がすべて当初の引受人のもとにとどまっている場合は取引安全を考える必要がないから，無効と解することも可能ではないかとの見解も学説上あるところである。

▸§8__　募集株式発行の瑕疵

▸▸1　総説

　募集株式の発行に何らかの瑕疵があった場合，発行の効力が問題となる。会社法の様々な場面で，取引の安全や現に生じている外観との関連で，瑕疵があるからといって必ずしも無効とできない状況がある。ここでも，そのような視点で検討する必要がある。

▶▶2　発行差止め

　株式の発行（自己株式の処分を含む）が法令または定款に違反し，あるいは著しく不公正な方法により行われる場合は，株主はその差止めを請求することができる（会社210条）。取締役の行為差止め請求（会社360条）と類似するが，同条が会社に不利益（条文上は「著しい損害」または「回復することができない損害」）が生じることを要件としているのに対し，こちらは株主が不利益を受けるおそれがあれば請求が可能である。裁判外でも可能であるが，通常は，提訴し差止め本案審理の前に，合わせて差止めの仮処分をすることが多い。発行を強行させないためである。

　ここでいう，著しく不公正な方法（による株式発行）とは何か。典型的には，資金調達のニーズがないのに，取締役が一部株主のみに多数の株式を割当てるような場合であり，払込金額が適正で有利発行でなかったとしても，不公正発行と解されうる。最近の裁判例では，著しく不公正な新株予約権の発行方法が問題となるケースが目立つが（例えば東京高決平成17・3・23判時1809号56頁〔百選97事件〕，最決平成19・8・7民集61巻5号2215頁〔百選98事件〕），現経営陣が支配権の維持を目的とした新株発行が問題となるケースもあった。両者は類似するものの，新株予約権は資金調達目的以外の発行（敵対的買収防衛策など）も必ずしも否定されるものではない一方で，新株発行は持株比率の変動等既存株主に与える影響は大きく，それゆえ明確に発行に正当な目的（資金調達目的が主）を要すると考えられるから，それがない発行は否定されるべきである。このように，正当な目的と支配権維持目的のいずれが主要目的としてなされたかを判断し，後者であるとすれば不公正発行であるとする考量のルールを主要目的ルールと呼ぶ。裁判においては，ある会社から敵対的買収を仕掛けられ，合併を持ちかけられた2社が，互いに新株を発行した（株式相互持合い）ところ，支配権の争いがあって，従来の株主の持株比率に重大な影響を及ぼすような数の新株が発行され，それが第三者に割り当てられることで，「特定の株主の持株比率を低下させ現経営者の支配権を維持することを主要な目的としてされたもの」であるときは，不公正発行に該当し，また新株発行の主要目的が支配権維持にあるとはいえなくても，特定の株主の持株比率が著しく低下することを認識して新株発行がされた場合は，それを正当化させる合理的な理由がない限り，これも不公正発行に当たるというべきとするもの（東京地決平成元・7・25判時1317号28頁），現経営陣による支配権維持目的があることは容易に否定し得ない

が，事業計画遂行のために資金調達の必要があり業務提携等を必要とする経営
判断として許されないものではないとして不公正発行ではないとしたもの（東
京高決平成16・8・4金判1201号4頁〔百選96事件〕）などがある。

▶▶3　無効と不存在

【1】　無効確認

　差止めは事前の是正であるが，発行されてしまった場合は事後に無効または
不存在を主張することになる。何が無効原因となるかは特に規定はなく，先に
も述べたように発行されたという外観があり取引の安全の見地からは必ずしも
無効とすべきでない側面もある。そこで，無効を主張するには訴えによっての
み可能であり，提訴期間は株式発行の効力が発生してから6か月（公開会社で
ない会社は1年）以内，提訴権者は株主，取締役，監査役，清算人，執行役に限
られ，被告は会社となる（会社828条1項2号・3号・2項2号・3号・834条1項2号・
3号）。また「会社の組織に関する訴え」として，本店所在地の専属管轄であり，
担保提供や弁論等の必要的併合等の規定も置かれる（会社835条1項・836条・837
条）。無効判決は第三者にも効力がおよび（対世効），将来に向かってのみ効力
がある（遡及効はない。会社839条）。

　会社は，判決確定時の該当する株主に対し，払込を受けた金額または給付を
受けた財産の給付のときにおける価額に相当する金銭を支払わなければならな
い（会社840条1項・841条1項）。上記金額が判決確定時の会社財産の状況に照ら
して著しく不相当であるときは，会社または株主の申立に基づき，裁判所が金
額の増減命令を出すことができる（会社840条2項・3項・841条2項）。

　無効原因事由は，できる限り狭く解するべきであるが，発行可能株式総数を
超える発行，定款に定めのない種類株式の発行など強行法規違反や，非公開会
社で株主総会決議を欠く場合，必要な種類株主総会の決議を欠く場合など既存
株主の保護が特に必要な場合は無効とすべきであろう。一方で，経済的損失を
生じさせるに過ぎない場合や手続違反は，原則として無効原因とは捉えない見
解が有力と言える。最高裁は，代表取締役が新株発行した以上，たとい新株発
行に関する有効な取締役会の決議がなくても，新株発行は有効であり，それは
著しく不公正な発行であった場合でも異なるところがないとする（最判昭和36・
3・31民集15巻3号645頁を引用する最判平成6・7・14判時1512号178頁〔百選100事件〕）。
先に有利発行の項目で指摘したように，当初の株式引受人に発行された株式が

★Topic_06　MBOと非上場会社のガバナンス

　MBO（Management Buy-out；経営陣による株式の買収）が盛んに行われている。上場会社におけるMBOは例年5件程度で推移してきたようであるが，2021年は11月時点で過去最高を上回り18件であったという（日経新聞オンライン（日経産業新聞）12月27日2時配信）。MBOは上場廃止すなわち市場からの撤退を意味するが，非上場化を目指すのには従来から様々な目的（例えば敵対的買収に対抗するためなど）があったところ，2021年は東京証券取引所の市場再編との関連が大きいようである。すなわち再編にあたり上場会社の新陳代謝を図る目的で厳格な上場要件を設けたため，上場維持にかかるコストが大きいと判断したことによる。市場からの撤退は多くの株主にとっては株式の売買が不便になるので反対であろうところ，一定の買取価格を提示して経営陣が株式を買い取るわけである。

　ところで，上場会社については上場基準のほか，コーポレートガバナンスコードなどの遵守が求められるところ（いわゆる "comply or explain"），上場廃止となれば，会社法や金商法等の適用はあるとはいえ，格段にガバナンスルール等の締め付けが緩やかになる。

　非上場会社はピンキリである。特例有限会社も含めて300万社とも言われる株式会社において，従来より問題視されているのは，計算書類の作成・公告義務を無視している会社が多いことである。そのため，会計参与という役職を会社法制定時に新設したがどれほど義務を果たす企業が増えたかは，定かではない。

　しかし少なくとも，上場廃止組も含め上場一歩手前の株式会社については，ガバナンスをしっかりしてもらう必要がある。企業不祥事といえば最近の東芝のような会計不正（粉飾決算など）が日本が高度経済成長と言われる時代から連綿と続いている。MBOは自ら市場からの退場を求めるものであるが，退場したくないがゆえの不正も当然ある。報道によれば東証マザーズから1部に市場替えをしたグレイステクノロジーという会社が，不正会計発覚により上場廃止が決まったという（日経新聞1月29日付朝刊）。機関投資家との広報ミーティングで高い成長率などを確約したことで，その達成のために不正を働いていた。外部の専門家である会計監査人は何をしていたのか。これは，会社側が，会計監査の仕組みを理解した上で，巧妙に不正会計がバレないようにしていたようである。東芝の例でも会計監査人である監査法人は70人体制で監査していたのに不正はなかなか見つからなかった。上場・非上場にかかわらず，会計不祥事はあいも変わらず表沙汰になる。氷山の一角かもしれない。なお，上場一歩手前の規模感の会社はすなわち9000社ほどあると言われる大会社であるから，これらへの規制強化は課題とし

であり，平成26（2014）年改正で公開会社であり大会社である監査役会設置会社であって有価証券報告書の提出義務がある会社には "comply or explain" が求められた社外取締役の選任につき，令和元（2019）年改正ではその選任が義務付けられた（会社327条の2）。

制度はできる限り誰がやっても確実性のあるものを構築する必要があるが，その裏には制度を用いる人間の倫理観や覚悟がなければ不正はなくならない。それを痛感させる出来事である。

【道野真弘】

とどまっている場合は，とりわけ取引の安全を考慮に入れる必要がないから，無効としてもいいのではないかという見解もある。

差止請求を本案とする仮処分命令を無視する発行は無効原因とすべきか。判例（最判平成5・12・16民集47巻10号5423頁〔百選99事件〕）・多数説は，無効原因となるとする。従来の株主が不利益を受けるおそれがある場合に発行を差し止めることによって利益保護を図る趣旨で設けられたものであり，これの実効性を担保するために通知・公告を必要とし，株主に新株発行差止めの仮処分命令を得る機会を与えていると解されているからと判示する。取引の安全を重視する立場から無効原因とはならないとする説もあり，折衷説などを含めると多岐にわたる。

募集事項の公示を欠く発行はどうか。判例（最判平成9・1・28民集51巻1号71頁〔百選24事件〕）・通説は，無効原因となるとする。株主の差止めの機会が保障されないことを理由とするが，他の点で瑕疵がなく，発行差止めが認められる余地がなかった場合まで無効とすべきではないとの見解もある。

【2】 不存在確認

平成17年改正前商法では規定がなかったが，当時の通説・判例にしたがって制定されたものである。新株発行手続が全くなされていない場合，代表権のない者による株式発行の場合，払込・給付のない場合，払込金額より少額しか払込のない場合など，新株発行等の実体がないと言えるほどの大きな瑕疵がある場合は，不存在確認の訴えを提起することができる（会社829条1号・2号）。対世効あり，被告適格は会社のみだが（会社834条13号・14号・838条），排他性も出訴期間の制限もない。

▶▶4　不公正な払込金額で株式を引き受けた者等の責任

　取締役（指名委員会等設置会社では執行役も）と通じて著しく不公正な払込金額で募集株式を引き受けた者は，公正な価額との差額を支払う義務を負い，株主代表訴訟も認められている（会社212条1項1号・847条1項）。一方，現物出資の際は，同じく差額の支払義務を負うものの，出資者が，現物出資財産の価額がその公正な価額に著しく不足することにつき善意・無重過失のときは出資を取消すことができる（会社212条1項2号・2項）。また，現物出資に関与した取締役等は，検査役の調査を受けた場合やその職務を行うにつき注意を怠らなかったことを証明した場合を除き，連帯して不足額の支払義務を負う（会社213条1項・2項・4項1号）。会社法207条9項4号の現物出資財産についてその相当性を証明した者も，当該証明をするにつき注意を怠らなかったことを証明するのでない限り，同様に支払義務を負う（会社213条3項・4項2号）。

▶▶5　仮装出資の際の責任

　募集株式の引受人が金銭出資の払込みまたは現物出資財産の給付を仮装したときは，仮装した払込金額全額の支払いまたは当該現物出資財産の給付（会社が当該財産の価額に相当する金額の支払いを請求したときはその額の支払い）をする義務を負い，これは総株主の同意がなければ免除できない（会社213条の2）。このような仮装に関与した取締役等は，職務を行うについて注意を怠らなかったことを証明した場合でない限り，同様の支払義務を負う（会社213条の3第1項。仮装した取締役等は，注意を怠らなかったことを証明しても免責されない）。両者の義務は，連帯責任とされている（同2項）。

　募集株式の引受人は，払込みがないときは失権し（会社208条5項），仮装出資をした場合は以上の責任の履行の後でなければ，引受けた株式について株主の権利の行使ができない（会社209条2項）。ただし，引受けた株式が他に譲渡されているような場合，その譲受人が善意・無重過失であるときは当該株式に関して株主の権利の行使ができる（同条3項）。

▶§9__　株式の併合・分割

　株式の最小単位は1株であるが，必要に応じて複数の株式を1つにまとめ，あるいは一株を複数に分割することができる。前者を併合といい，後者を分割

★Topic_07　株式の評価

　上場会社の株式は市場価格（一応その企業の客観的な企業価値ととらえることができる）がありまだわかりやすいが，それでも合併の際などは合併によるシナジー効果をどの程度考慮すべきかなど不確定要素もありその評価は困難を伴う（最判平成23・4・19民集65巻3号1311頁〔百選84事件〕，最判平成24・2・29民集66巻3号1784頁〔百選85事件〕，最判平成28・7・1民集70巻6号1445頁〔百選86事件〕，東京高決平成20・9・12金判1301号28頁〔百選87事件〕参照）。とりわけ中小企業など非上場の会社の株式の評価は市場価格もなく，必ずこの公式に当てはめれば正しい数字が出るというものでもない。株式買取請求や取得条項付株式または譲渡制限株式など，会社（指定買取人の場合も含め）と株主との間で株式の売買が行われる際，その価格交渉が決裂して裁判所に持ち込まれることは少なくない。

　最高裁（最決平成27・3・26民集69巻2号365頁〔百選88事件〕）が判断した非上場会社における株式の評価では，以下の2点が主たる論点となった。すなわち，①非上場会社の株式の評価に非流動性ディスカウントをすることができるか否か，また②株式買取請求権の趣旨を斟酌するか否かである。詳細には，①において収益還元法という当該会社の将来期待される純利益を一定の資本還元率で還元することにより株式の価格を算定するものであり，市場における取引価格との比較という要素は含まれておらず，非流動性ディスカウントによる減額は相当ではないとする。すなわち，上場会社の株式は流動性が高くそれだけ売買価格も高めになり非上場は売買が活発ではなく価格も低いとは言えるが，収益還元法が元々市場価格と比較するような算定方法ではないから，そこからさらにディスカウントする必要はないというのである。これには学説上様々な見解があるものの，収益還元法での評価であっても非流動性ディスカウントをすべき場合もあり，このケースではすでに（収益還元法などで）流動性リスクを反映している株価が算出されているのに，さらに非流動性ディスカウントの適用は認められるべきではないとするものであると解されている。

　さらに，②に関して，株式買取請求権は多々規定されており，学説上もその趣旨によって非流動性ディスカウントをすべきか否か検証すべきであると唱えられる。本件では，株式買取請求権が，企業価値を反対株主に適切に分配するものであることとし，それは株主全体に帰属すべき企業価値の一株あたりの価値の算定が必要なのか，当該株式を第三者に売却したときの交換価値の算定が必要なのかということであり，先にも述べたように交換価値ということであれば（流動性の低い非上場会社株式には）非流動性ディスカウントをしてもよさそうなところそれを否定している点から，本件決定は一株あ

たりの企業価値の算定をすべきことを示したと捉えてよい。

　株式の評価方法には以上の他にも配当還元法や取引事例法，DCF法などがある。それぞれどのような特徴があるのかなどは，一度各自で調べてみてほしい。

【道野真弘】

というが（会社183条・184条），併合は株主管理コストなどとの兼ね合いで1株の価値が小さいときに行われ，分割は値嵩株（極端に高騰した株式）を適正な投資単位にまで小さくするときに行われる。合併の際，合併する会社同士の1株の価値をほぼ同じにするために併合・分割が行われることもある。併合は株主の保有する株式数が減り，その利益に直結するから分割よりも株主保護に資する規定が多く置かれている（会社180条〜182条の6）。

▶§10＿　株式の消却

　会社の事業規模などからいって株式の発行数が過剰であると判断した場合にはそれを減少させたいことがある。それを株式の消却という。現行制度上はまず自己株式を取得した後，消却の手続に入る（→04章▶§3▶▶3参照）。

▶§11＿　株式の無償割当て

　会社は，株主に対して無償で株式を割り当てることができる（会社185条〜187条）。株式分割に類似するが，異なる種類の株式を割り当てることもできるなど，違いもある。

04章__ 株式の流通

‣§1__ 株式譲渡自由の原則とその例外

‣‣1 株式譲渡自由の原則

ある会社の株主になるには，会社の設立時や設立後の株式の発行に際して，会社から株式の発行を受けるという方法があるが，このほかにも，すでに株主である人から，その保有する株式を譲り受けることで株主になるという方法もある。後者のように，株主と譲受人の契約により株式を移転することを，株式の譲渡という。株式が譲渡されると，株主がその地位に基づいて有する一切の権利が，譲受人に移転する。

株式会社では，株主をやめたいからといって，会社に出資の払戻しを求めることは，原則として認められていない。株主が会社に出資した財産により，会社の事業活動に必要な資金が確保されているからである。そこで会社法は，株主が投下資本を回収できるようにするため，その保有する株式を譲渡することができると定めている（会社127条）。これを株式譲渡自由の原則という。株式の自由譲渡性が保障されているということは，会社にとっては，資金を集めやすくなることにもつながる。株式を譲渡できるという前提があるからこそ，投資家は，会社に投資しやすくなるからである。

株式譲渡自由の原則は，会社の財産的基盤を確保する一方で，株主が投下資本を回収するための重要なルールである。

‣‣2 株式譲渡自由の原則の例外

株式は自由に譲渡できるのが原則であるが，定款や法律の規定，あるいは契約により，株式の譲渡が制限されることがある。

【1】 定款による株式の譲渡制限

❶ 譲渡制限の意義　　株式会社の中には，たとえば株主の多くが親族である同族会社のように，人的な信頼関係が重視される会社もある。このような会

社では，好ましくない第三者が株主となって，会社の運営を阻害するおそれを防止したいというニーズがある。そこで会社法は，株式の譲渡には会社の承認を要する旨の定款の定めを置く形で，株式の譲渡制限をすることを認めている。これを定款による株式の譲渡制限という。

定款により譲渡を制限された株式を譲渡制限株式という（会社2条17号）。株式の一部について譲渡制限を定めることもできるが（譲渡制限種類株式。会社108条1項4号），非上場会社では，全部の株式について譲渡制限を定めていることが多く（会社107条1項1号），このような会社は非公開会社とよばれる。

株式の譲渡制限といっても，会社は株主側が指定してきた譲渡先を拒否できるというだけで，株式の譲渡自体が禁止されているわけではない。このような会社では，意に沿わない人が株主になってほしくないだけであるから，指定された譲渡先への譲渡を会社が承認しない場合でも，誰かに株式を買取ってほしいと株主側が希望しているときには，会社は，会社自身が買い取るか，会社の指定する売却先（指定買取人）を指定しなければならない。定款による株式の譲渡制限が行われた場合でも，株主の投下資本の回収は保障されているのである。

❷　譲渡の承認機関　譲渡制限株式の譲渡を承認する機関は，取締役会設置会社では取締役会，取締役会を設置しない会社では株主総会である（会社139条1項）。もっとも，定款で別段の定めをすることもでき（同項ただし書），たとえば，取締役会設置会社で株主総会を承認機関としたり，代表取締役を承認機関としたりすることができる。

❸　譲渡制限株式の譲渡承認手続

（a）譲渡等承認請求　譲渡制限株式を譲渡しようとする株主は，会社に対し，譲渡を承認するか否かの決定をすることを請求することができる（会社136条1項）。もっとも，会社の承認なく譲渡制限株式が譲渡されても，譲渡当事者間では譲渡は有効であるため（最判昭和48・6・15民集27巻6号700頁〔百選16事件〕），譲渡制限株式を取得した者（譲受人）からも，譲渡を承認するか否かの決定をすることを請求することができる（会社137条1項）。ただ，この場合には，本当に取得者に対して株式譲渡が行われたことを会社が確認する必要があるため，その請求は原則として株主名簿上の株主（譲渡人）と共同でしなければならない（同条2項。ただし，株券発行会社の場合等の例外がある。会社法施行規則22条参照）。これらの請求を合わせて，譲渡等承認請求といい（会社138条柱書），この請求

をした者を譲渡等承認請求者という（会社139条2項）。

　譲渡等承認請求者は，譲渡等承認請求の際に，会社が譲渡を承認しないときには，会社または指定買取人が株式を買い取ることをあわせて請求することもできる。これを買取先指定請求という（会社138条1号ハ・2号ハ）。

　譲渡等承認請求を受けた会社は，譲渡を承認するか否かの決定をしたうえで，その決定の内容を譲渡等承認請求者に通知しなければならない（会社139条2項）。この通知は，会社が譲渡等承認請求を受けたときから原則2週間以内にする必要があり，期間内にこの通知がないときは，会社は譲渡を承認したものとみなされる（会社145条）。譲渡等承認請求者の投下資本の回収を保障するためである。

　会社が譲渡等承認請求を承認したときや，譲渡を承認したものとみなされたときは，会社との関係でも株式譲渡の効力が生ずる。株式取得者は，会社に対して株主名簿の名義書換えを請求することができる（会社134条）。

　(b)　会社が譲渡を承認しない場合　　会社が譲渡を承認しないと決定した場合で，買取先指定請求がないときは，会社は譲渡を承認しない旨を通知するだけでよい。これに対し，買取先指定請求がされている場合には，請求の対象となっている株式を会社自身が買い取るか，指定買取人を指定しなければならない。

　会社が株式を買い取るときは，株主総会特別決議により決定しなければならず（会社140条2項・309条2項1号），譲渡等承認請求者は，この株主総会において議決権を行使することができない（会社140条3項。なお，同条但書参照）。会社が譲渡等承認請求者から不当に高値で株式を買い取るなどして，他の株主が害されることを防ぐためである。これに対し，指定買取人の指定は，株式の買取りにより会社から財産が流出するという問題にはならない。そこで，この場合には，取締役会設置会社では取締役会の決議，取締役会を設置しない会社では株主総会特別決議で指定買取人を指定することができ，定款で別段の定めをすることも可能である（同条4項5項・309条2項1号）。

　(c)　会社または指定買取人による買取り　　会社または指定買取人は，譲渡等承認請求者に対し，買取り対象となる株式の数などの事項を通知する（会社141条・142条）。これにより，これらの者と譲渡等承認請求者との間で売買契約が成立し，以後，譲渡等承認請求者は，これらの者の承諾がない限り，請求を撤回できなくなる（会社143条）。売買価格は当事者の協議によって定めるが，

決まらないときは，当事者の申立てにより裁判所が決定する（会社144条）。

❹　相続人等に対する売渡請求制度

　定款による株式の譲渡制限は，株式を「譲渡」するときに会社の承認を要するものであるから，たとえば相続の発生により被相続人が保有していた株式を相続人が取得した場合のように，「譲渡」以外の事由によって株式を取得したときには，このルールは適用されない。この場合，会社の承認なく株式の相続人が新たな株主となるため，会社にとって好ましくない株主が出現することを防ぐことはできない。

　そこで会社法は，定款の定めにより，会社が相続や合併といった一般承継により譲渡制限株式を取得した者に対して，一般承継者（相続人）の同意なくして，その株式の売渡しを請求することを認めている（会社174・175条）。いったん，株式の相続人は株主となるが，会社が相続人の保有する株式を買い取ることができるとすることで，会社にとって好ましくない株主を実質的に排除することが可能になる。非公開会社では，定款にこの定めをおくことが多い。

【2】　契約による株式の譲渡制限

　実務上，契約によって株式の譲渡制限が行われることがある。契約による譲渡制限は，当事者間でしか拘束力を持たないから，契約自由の原則に従い，株式の譲渡制限に関して様々な合意をすることは基本的に認められてよい。

　契約による株式の譲渡制限は，実際上，従業員持株制度との関係においてそのようなニーズがあるといわれている。従業員持株制度とは，会社の従業員が，従業員持株会を通じて，自分の勤務先の会社の株式を定期的に購入する制度であり，多くの上場会社で採用されている。従業員にとっては，会社の株式を貯蓄代わりに貯めることで中長期的な資産形成ができるし，さらには株価を上げようと勤労意欲も高まる。会社にとっても，安定株主の形成を図ることができる。市場価格があるため，従業員は原則として時価で購入する形となり，また，退職時には，その積み立てた株式を自己の名義にできると契約されていることも少なくない。

　これに対し，非上場会社の場合には，市場価格がないうえ，積み立てた株式を従業員が自由に売却できるとしてしまうと，多数の株主に株式保有が分散してしまい，会社の意思決定や円滑な事業運営に支障を来たすことがある。そこで，非上場会社の場合には，退職時には取得価格と同一の価格で従業員持株会に売り渡す旨の契約が締結されていることが多い。ただ，このような仕組みに

よると，もし，退職するまでの間に保有する株式の価値が上昇したとしても，従業員はその利益を享受することはできないことになる。学説には，このような条項は従業員に不利であるとして無効であると解するものもあるが，判例は，会社法127条にも公序良俗にも違反せず，有効であると解して，契約自由の原則を広く認める傾向にある（最判平成7・4・25集民175号91頁〔百選18事件〕，最判平成21・2・17判時2038号144頁）。

【3】　法律による株式の譲渡制限

　法律の規定に基づき，株式の譲渡が制限されることがある（株券発行前の株式譲渡（会社128条2項），子会社による親会社株式取得の禁止（会社135条））。これらについては，それぞれの箇所で説明する。

▸§2＿　株式の譲渡方法と株主の権利行使

▸▸1　総説

【1】　株式の譲渡方法

　会社法は，株式譲渡の自由を原則としているが（会社127条），原則を定めるだけでなく，株式の譲渡方法に関するルールについても，具体的に定めている。株式会社には，上場会社のように，数万人の株主を擁し，日々大量の株式が譲渡される会社もあれば，他方で，同族会社のように，株式の譲渡による株主の交代がさほど頻繁には行われない会社もある。そこで会社法は，会社の選択により，株式の譲渡方法を決定できるようにしている。

　まず，株式の流通性を高めたいときには，会社は定款により，株券という有価証券を発行することを定めることができる（会社214条）。株券という紙（証券）があれば，株式の譲受人は，株券の交付を受けるだけで株式を取得することができるから（会社128条1項），簡易・迅速に株式譲渡を行うことができる。定款で株券を発行する旨を定めた会社を，株券発行会社という（会社117条7項）。

　もっとも，上場会社のように，日々株式譲渡が大量に行われるようになると，株券という物理的な紙面の存在は，逆に株式譲渡にとって障害となる。そこで，上場会社においては，株券を発行するのではなく，口座振替の方法によって株式を譲渡する方法が選択される。上場会社の株式はすべて「振替株式」として譲渡されているが（株式，社債等の振替に関する法律（以下，振替法）128条），このような会社を本書では，振替株式利用会社という。

★Topic_08　株式は流通するのか？

　かつては，株式会社には，公開会社か非公開会社かを問わず，株券の発行が義務づけられていた。株券という有価証券を発行することで，株主にとっては投下資本の回収が容易になるし，会社にとっても，株式の流通性が保障されることで，資金を集めやすくなるからである。上場会社では，昭和59（1984）年から株券等保管振替決済制度が導入され，口座振替の方式により株式譲渡が行われるようになったが，そこでもまだ理論上は株券が存在するものとされ，株券法理に基づく株式譲渡が行われていた（口座の記録により株券の交付がなされたものとみなす旨の規定があった）。

　しかし，平成に入ると，先進各国において証券決済システムの改革への取組みが進められるようになった。この流れを受けて，わが国でも平成13（2001）年にCP（コマーシャル・ペーパー）のペーパーレス化が実現されると，これと統一した証券決済制度として，平成16（2004）年商法改正に際して，現行の株式振替決済制度が整備された。これは，理論上も株券法理によることなく，直接に口座振替の方法により株式譲渡を行う仕組みである。上場会社の株式は，平成21（2009）年1月5日の株券の一斉電子化により，すべて振替株式となっている。

　他方，非上場会社では，株券の障害が別の意味で問題になっていた。非上場会社の多くは非公開会社であるが，このような会社では頻繁に株式譲渡を行うニーズがないため，株券を発行しないという違法状態が常態になっていた。また，株券を発行すると，善意取得により取引の安全は保護されるが，株式の譲渡を望まない株主にとっては，株券の盗難や紛失の危険を伴う株券は必要なものともいえなかった。

　平成17（2005）年に成立した会社法は，株券を発行しないことを原則としている。もっとも，会社が株券を発行するという選択肢も残しており，株券発行会社には，略式質や株式の譲渡担保が容易になるというメリットもある。しかし，会社法の成立後に設立される非公開会社では，株券不発行会社を選択することがほとんどになっており，次から次へ株式が譲渡されるという意味での株式の流通は，上場会社以外の会社では見られにくくなっている。

【島田志帆】

　以上に対し，同族会社のように，株式の譲渡による株主の交代が頻繁に行われない会社では，あえて株券を発行して株式の流通性を高める必要性はないし，紛失や盗難の危険もある株券の発行を強制することは適切ではない。典型的には，非公開会社でそのようなニーズがある。そこで会社法は，一律に株券を発

行することを会社に強制せず，株券を発行しないことを原則としている。定款で株券の発行を定めていない会社で振替株式利用会社以外の会社を，本書では株券不発行会社という。

【2】株主の権利行使

❶　株主名簿の意義　　株券発行会社，振替株式利用会社あるいは株券不発行会社のいずれにおいても，株主の投下資本の回収は保障されているから，実際の頻度は異なるとしても，株式の譲渡が行われる。会社は，株式の譲渡が行われたことを必ずしも知り得ないから，会社が現在の株主を管理・把握する仕組みが必要になる。このために会社法は，すべての会社に対し，株主の氏名・名称および住所や持株数などを記載した株主名簿を作成することを義務づけている（会社121条）。

会社の設立時や設立後に株式を発行した場合のように，初めて株主となるときには，会社が株主名簿にその名義を記載する（会社132条）。これに対し，株主名簿に名義がある株式を譲渡により取得した場合には，株式取得者は，その名義を自己の名義に書き換える必要がある（会社133条）。これを株主名簿の名義書換えという。会社は，株主名簿の名義書換えがされるまでは，株主名簿に記載されている者（株主名簿上の株主）を株主として取り扱えばよいから，株主の権利行使は円滑に処理される。株主総会招集通知などの各種の通知や催告書は，株主名簿上の株主の住所（当該株主から別に連絡先を受けているときは，その連絡先）に宛てて出せばよい（会社126条）。

なお，株主名簿は，関係者の情報源としての意味も持つ。株主が他の株主と共同して株主提案権（会社303条・305条）を行使するために，他に誰が株主となっているかを知りたいとか，会社と取引する債権者が会社の資本関係の変動を知りたいというようなことがある。そこで，株主および債権者は，株主のプライバシー保護のために法が定める一定の拒絶事由に該当する場合を除き，営業時間内はいつでも，株主名簿の閲覧・謄写を請求することができるものとされている（会社125条）。

❷　基準日　　上場会社のように，日々大量に株式譲渡が行われる会社では，誰が株主であるかを会社が確定するだけで相当な時間を要する場合がある。そこで会社法は，会社が一定の日を基準日と定めて，その日時点の株主名簿上の株主（基準日株主）を，後日における権利行使ができる者と定めることができるものとしている（会社124条1項）。

たとえば，3月31日時点の株主を定時株主総会の議決権および剰余金配当請求権についての基準日株主であると会社が定めれば，たとえその後に株式譲渡が行われても，6月に開催される定時株主総会では，基準日株主が議決権を行使し，剰余金の配当を受けることになる。基準日株主と権利行使時の真の株主とがあまり乖離するのは好ましくないため，基準日から権利行使の日までは3か月以内でなくてはならない（同条2項）。実務では，定時株主総会における議決権と剰余金配当請求権について，定款に基準日の定めをおくことが多い。

▶▶2　各会社の株式譲渡の方法と株主の権利行使

【1】　株券不発行会社

会社法では，株券の不発行を原則としているため，株券不発行会社のルールから見ていく。株券不発行会社の株式は，民法の一般原則により，当事者間の意思表示のみによって譲渡することができ，株券のような証拠の紙はいらない。そこで，株式の取得者が株式譲渡により株主となったことを会社その他の第三者に対抗するには，株主名簿の名義書換えをしなければならないものとされている（会社130条1項）。会社または第三者に対抗するとは，名義書換えを済ませた株式取得者が，会社または第三者に対して，自分が株主であると主張することができるという意味である。

株式取得者が会社に名義書換えを請求するときは，原則として株主名簿上の株主と共同でする必要がある（会社133条2項）。株式取得者が真の株主であるかを会社が確認できるようにするためである。

【2】　株券発行会社

❶　株券による株式譲渡・株主名簿の名義書換え　　株券発行会社の株式を譲渡するには，当事者間の意思表示に加えて，株券を交付しなければならない（会社128条1項）。

株券は，簡便・迅速な株式譲渡の方法として，次々と交付されていくことが予定されているから，株式を譲り受けようとする者にとっては，株券の占有者が本当に権利者であるかを確かめることは容易ではない。そこで，取引の安全を図るため，株券の占有者から株券の交付を受けた譲受人は，悪意または重過失がない限り，株券に係る株式を善意取得するものとされている（会社131条2項）。

株券の交付を受けた株式取得者は，第三者に対して株式譲渡を対抗できるも

のと解されている。譲渡当事者間では証拠の紙（株券）が渡されるためである。しかし，会社は株式譲渡があったことを必ずしも知らないから，会社に対する関係は別である。株式取得者が株式譲渡を会社に対して対抗するには，株主名簿の名義書換えをしなければならない（会社130条2項）。株券の占有者は権利者として推定されるため（会社131条1項），株式取得者は，会社に株券を提示して，単独で名義書換を請求することができる（会社133条2項，会社法施行規則22条2項1号）。

　なお，株券をなくしたとき（盗難・紛失，滅失）は，喪失株券を無効として，株券の再発行を受けるための手続が備えられている（株券喪失登録制度。会社221条以下）。

　❷　**株券の発行時期**　　株券発行会社は，株式の発行後，遅滞なく株券を発行しなければならない（会社215条1項）。株式譲渡自由の原則を保障するためである。ただし，株券発行会社が非公開会社であるときは，株主の請求があるまでは，株券を発行しなくてもよい（同条4項）。非公開会社では，株式の譲渡は頻繁ではないため，必要となったときに株券の発行を請求することで足りるし，株券を発行するまでの間は盗難や紛失の危険も避けられるからである。また，公開会社でも，紛失・盗難の危険を避けるため，株主が株券の発行を望まないこともある。そこで，株主から株券の不所持の申し出があれば，会社は株主の請求があるまでは，株券を発行しなくてよいものとされている（株券不所持制度。会社217条）。

　❸　**株券発行前の株式譲渡**　　会社法は，株券の発行前にした株式の譲渡は，株券発行会社に対し，その効力を生じないと定めている（株券発行前の株式譲渡。128条2項）。株券発行前に株式譲渡が行われてしまうと，会社が円滑かつ正確に株券発行事務を行うことが困難になるからである。しかし，会社が株券の発行を不当に遅滞しているなど会社に帰責事由がある場合にまでこのルールが貫かれるべきではない。この場合には，株主は株券がなくても，当事者間の意思表示により株式の譲渡ができ，会社も譲受人を株主として扱わなければならないものと解されている（最大判昭和47・11・8民集26巻9号1489頁〔百選A4事件〕）。

【3】　振替株式利用会社

　❶　**振替株式の譲渡**　　上場会社の株式（振替株式）の譲渡は，口座振替の方法によって行われる。たとえば，甲社株式100株を保有するAが，市場取引でこれを売却すると，Aの証券口座に，甲社株式100株分を減少する記録がさ

れる。他方で，Bが，市場取引で甲社株式100株を購入すると，Bの証券口座には甲社株式100株分が増加する記録がされ，これによりBが甲社株式100株の株主となる（振替法140条）。AとBとが相対して株式譲渡をしているわけではないが，最終的な決済時には，AがBに株券を交付したときと同じ原理で株式が移転する。株券と同様，権利推定（同法143条）や善意取得（同法144条以下）の制度も認められている。

　❷　振替株式の株主の権利行使　　上場株式は大量かつ頻繁に譲渡されるので，株主の権利行使の仕組みはやや複雑である。まず，基準日が設定された権利（株主総会における議決権や剰余金配当請求権）は，株主が一斉に権利行使することになるため，株主名簿の記載・記録（以下，単に記載という）に基づき，権利行使できる株主が確定する。すなわち，会社が基準日を定めると，振替機関（振替株式を管理する中央的な機関）が各証券会社から全株主のデータ（氏名・名称，住所，保有株式数）を集約して，それを会社に送ってくれるので（総株主通知），これをもとに会社が株主名簿の名義書換えを行うと，株主は会社に対する対抗要件を備えることになる（振替法152条）。

　以上に対し，基準日が設定された権利以外の権利（法文上は「少数株主権等」（振替法147条4項）という。株主提案権（会社303条・305条）や代表訴訟提起権（会社847条）など）は，個別的に行使されることが予定されているため，株主名簿は利用されない。この場合は，株主の申し出により（自分の証券口座がある証券会社に申し出をする），振替機関を通じて当該株主のデータ（株式の継続保有状況を含む）が会社に送られる（個別株主通知）。株主は，個別株主通知により会社に対する対抗要件を具備して（最判平成22・12・7民集64巻8号2003頁〔百選15事件〕），少数株主権等を行使することになる。

▶▶3　株式の担保化

　金銭の貸付を受ける際に，株式を担保とすることがある。そのような方法として，会社法は株式の質入れを認めており，そのほかに株式の譲渡担保がある。

　株式の質入れをするには，質権設定者（株主）と質権者（貸主）との間で質権設定契約を締結する必要があり，株券発行会社の株式の質入れにはさらに株券を交付しなければならない（会社146条。振替株式については振替法132条3項5号・141条152条2項2号参照）。質権者は，株主名簿に質権者の氏名等を記載することを請求することができ（会社148条。振替株式については振替法151条3項4項・

152条1項参照)，これにより，質権の実行前でも，会社から直接に剰余金の配当などを受けることができる。これを登録質という。これに対し，株主名簿への記載を請求しないものを略式質という。

　株式の譲渡担保とは，法形式的には譲渡という形をとりながら，実質的には目的物を担保に供するものをいう。原則として当事者間の譲渡担保契約の締結により効力を生ずるが，株券発行会社の株式を対象とするときは，株券の交付が必要となる（会社128条1項。振替株式については振替法151条2項1号参照）。法形式的には譲渡という形をとるので，株主名簿の名義書換えを行えば，譲渡担保権者（貸主）が会社に対して議決権等の権利を行使することができるようになる。当事者間で議決権等の行使について合意がされていたとしても，そのような内部的な合意は会社に対抗することができず，会社は，株主名簿上の株主を株主として取り扱えばよい。

▶ §3__　自己株式の取得

▶▶1　総説

　株式会社が自社の株式を取得することを，一般に，自己株式（金庫株とも呼ばれる）の取得とか，自社株買いという。法の規定に基づき取得する場合も含めて，会社が自己株式を取得できる場合は会社法155条に列挙されているが（会社が譲渡制限株式を買い取る場合（同条2号）など），自己株式の取得，自社株買いというときは，「株主との合意に基づき会社が有償で自己株式を取得する場合」をさしている（同条3号，156条1項参照）。本書でも，この場合に限定して自己株式の取得という用語を用いることにする。

　なぜ会社は自己株式の取得を行うのだろうか。自己株式の取得が行われると，流通する株式数が減るので株価は上がり，また，少ない資本で利益を上げる形になるので，経営効率を高めている会社と映るようになる。株主には剰余金の配当という見返りもあるが，配当は一度決めるとあまり変わらないし，年1〜2回，決まった時期に実施されることが多い。これに対し，自己株式の取得は，会社の経営状況に応じて機動的に行われる。

　ただ，自己株式の取得には弊害もある。たとえば，会社が特定の株主にだけ売却機会を提供すれば，他の株主との間で不公平が生ずる。また，会社が自己株式を取得することによって，買収者による買収を困難にし，その結果，買収

▶図表04_1　原則的取得方法

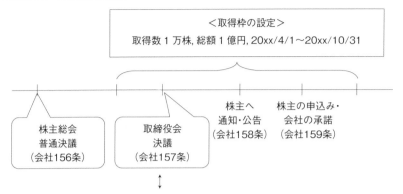

<取得枠の設定>
取得数 1 万株, 総額 1 億円, 20xx/4/1～20xx/10/31

株主総会
普通決議
（会社156条）

取締役会
決議
（会社157条）

株主へ
通知・公告
（会社158条）

株主の申込み・
会社の承諾
（会社159条）

1500株を 1 株5万円, 総額7500万円, 申込期日6/30と決定

者の保有株式数を少なくとどめるなどして，現経営陣の保身のために利用され
るおそれもある。

　こうした問題があるため，かつては，自己株式の取得は，特別の場合を除い
て禁止されていた。しかし，現行の会社法は，上記に述べたようなニーズがあ
ることに鑑み，会社に取得の財源があるときに限り（分配可能額規制。会社461条
1 項 2 号 3 号），株主間の公平に特に配慮した取得手続規制を設けることで，自
己株式の取得を原則として許容している。

▶▶2　株主との合意による自己株式の有償取得

【1】　総説

　会社法は，取得手続に関して，①すべての株主に売却の機会を与える方法（会
社156条～159条）を原則としたうえで，②特定の株主から取得する場合（会社
160条～164条），さらに，③市場取引等により取得する場合（会社165条）につい
て特則を定めている。

【2】　すべての株主に売却の機会を与える方法（図表04_1）

　自己株式を取得するときは，すべての株主に取得の機会を与えて行うのが原
則である。そのためにはまず，株主総会普通決議により取得枠を決定する必要
がある（会社156条。なお，例外として会社459条 1 項 1 号・2 項）。この株主総会決
議で，取得株式数，対価の内容と 1 年以内の取得期間が定められるので，その
範囲内で，取得の都度，会社が（取締役会設置会社では取締役会決議により）具体

▶図表04_2 特定の株主からの取得

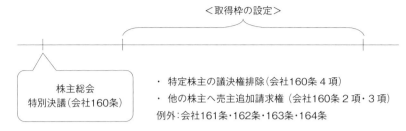

＜取得枠の設定＞

株主総会
特別決議（会社160条）

・ 特定株主の議決権排除（会社160条4項）
・ 他の株主へ売主追加請求権（会社160条2項・3項）
例外：会社161条・162条・163条・164条

的な条件を定める（会社157条）。決定された条件は，全株主に通知（公開会社では公告に代えることができる）しなければならない（会社158条）。これを受けて株主が申込みをしたときは，申込株式数（申込みが取得株式数を超えるときは申込数に按分比例した数）について会社はそのまま株式を取得する（会社159条）。

【3】 特定の株主からの自己株式の取得 （図表04_2）

特定の株主から自己株式を取得するときは，株主間の公平を害する危険が特に大きいため，株主総会特別決議により取得枠と取得の相手方（特定株主）を決定しなければならない（会社160条1項・309条2項2号）。この場合，売主となる特定株主は，株主総会において議決権を行使することができない（会社160条4項。なお，同条ただし書参照）。特定株主の利益を図って会社が不当に高値で取得するなどして，他の株主を害することを防止するためである（会社が譲渡制限株式を買い取る場合と共通の規制（会社140条3項）である）。さらに，他の株主は，自己を売主に追加するよう請求することができる（売主追加請求権。会社160条2項3項）。

なお，例外的に売主追加請求権の通知が不要となる場合がある。①市場価格のある株式につき市場価格を下回る価格で取得する場合（会社161条）。株主間の公平を害するという弊害のおそれがないためである。②非公開会社について相続人その他の一般承継人から取得する場合（会社162条）。相続人との株式関係の解消という目的のために行われるため，不要となる。③定款に，特定株主からの取得は常に売主追加請求権を不要とする定めをおいた場合（会社164条）。

また，子会社が保有する親会社株式を親会社が取得する場合には，株主総会の特別決議による必要はなく，売主追加請求権の通知も必要ない（会社163条）。この場合には，株主間の公平を害するというおそれはなく，むしろ子会社が親会社株式をを保有するという好ましくない状況が是正されるため，取締役会設

▶図表04_3　市場取引等による取得

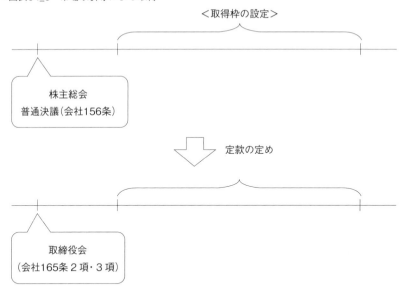

置会社では取締役会の決定により行うことができる。

【4】　市場取引等による取得（図表04_3）

　上場会社の株式のように，会社が市場（金商2条17号・67条2項）でまたは金融商品取引法による公開買付け（同27条の22の2以下）の方法（市場取引等）で自己株式を取得する場合には，株主間の平等への配慮が特に図られているといえるため，次の例外が定められている。

　まず，この場合には会社法157条から160条の規定が適用されず，【1】の株主総会普通決議だけで自己株式の取得を行うことができる（会社165条1項）。これにより，市場のタイミングをみて，機動的に自己株式の取得を決定できるようになる。

　次に，定款で定めれば，取締役設置会社では取締役会決議により【1】の取得枠を決定することができる（会社165条2項・3項）。上場会社では，この定款の定めを置いていることが多い。

▶▶3　自己株式の保有・消却・処分

　会社は，取得した自己株式を，特に期間の制限なく保有することができる。ただし，自己株式には議決権がない（会社308条2項）。自己株式に議決権を認め

ると，経営陣により不公正な会社支配がなされる恐れがあるからである。

　会社が保有する自己株式の数を減少したり，第三者に売却することも可能である。自己株式の数を減少するには，自己株式の消却という方法により，取締役会設置会社では取締役会決議により決定する（会社178条）。これにより発行済株式総数は減少する。また，会社が自己株式を第三者に売却することを，会社法では自己株式の処分というが，その手続は株式を発行するときと共通の規制に服する（会社199条以下）。会社に払込みが行われるという経済実質は変わらないからである。

▶§4＿　子会社による親会社株式の取得の禁止

　子会社が親会社株式を取得することは，自己株式の取得と同じ弊害を生じさせるおそれがあるため，原則として禁止されている（会社135条1項）。もっとも，子会社が存続会社となる合併が行われる場合で，消滅会社が親会社株式を保有しているようなときは，合併の効果により，子会社が親会社株式を取得することになる。このような場合には，子会社は，相当の時期にその有する親会社株式を処分しなければならない（同条2項）。迅速な処分を可能にするため，簡易な手続により，子会社が保有する親会社株式を親会社が取得すること（親会社にとっては自己株式の取得となる）が認められている（会社163条）。

05章― 新株予約権

▶ §1__ 総説

▶▶1 新株予約権の意義

　新株予約権とは，それを有する者（新株予約権者）が会社に対して行使することにより，会社から当該会社の株式の交付を受けることができる権利をいう（会社2条21号）。新株予約権は，あらかじめ定めた期間（権利行使期間）にあらかじめ定めた価額（権利行使価額）を払い込むことによって行使することができる。株式の交付には，会社が新株を発行する場合と自己株式を交付する場合がある。新株予約権を行使した新株予約権者は，当該新株予約権を行使した日に，当該新株予約権の目的である株式の株主となる（会社282条1項）。

　新株予約権は，経済的にはコール・オプション（買う権利）の一種であり，会社の株価が権利行使価額を上回れば，新株予約権者は利益を得ることが可能である。新株予約権は，無償で発行される場合もあるが，通常，有償で発行される。有償で発行される場合，新株予約権者は，原則として，新株予約権を取得する際と，その後に新株予約権を行使して株式を取得する際の2回にわたって金銭等を支払うことになる。新株予約権が行使されると，会社は新株予約権者に対して新株を発行する義務または自己株式を交付する義務を負う。新株予約権の法的性質は，形成権である。

▶▶2 新株予約権が利用される場合

　新株予約権は，取締役等や従業員に対するインセンティブ報酬として利用することが可能である。新株予約権行使時の会社の株価が権利行使価額を上回っていれば，新株予約権者はその差額分の利益を得ることができるため，取締役等や従業員には会社の株価を上昇させ自己の報酬を増加させようとするインセンティブが働くことになる。このように，取締役等や従業員に対するインセンティブ報酬として付与される新株予約権をストック・オプションという。

新株予約権を有償で発行すれば会社の資金調達の手段となる。新株予約権に社債を付して新株予約権付社債（会社2条22号）として発行される場合もあり，新株予約権付社債のうち，新株予約権の行使により新株予約権付社債についての社債が消滅するものは，転換社債型の新株予約権付社債と呼ばれる。

新株予約権は，企業間の資本提携の手段として利用されたり，企業の組織再編や自己株式取得の際の対価として利用されたりすることもある。

近年では，新株予約権が敵対的買収に対する買収防衛策（ポイズンピルなど）として利用される場合も多い。新株予約権を行使することで敵対的な買収者の持分比率を低下させることができるためである。この点については，敵対的な買収者に対する募集新株予約権の発行の差止めが争われたニッポン放送事件の東京高裁決定（東京高決平成17・3・23判時1899号56頁〔百選97事件〕）や，差別的な行使条件の付いた新株予約権の無償割当ての差止めが争われたブルドックソース事件の最高裁決定（最決平成19・8・7民集61巻5号2215頁〔百選98事件〕）などの重要判例がある。敵対的買収と買収防衛策については，本章★Topic_09を参照。

▶§2__ 新株予約権の内容と発行

▶▶1 新株予約権の内容

株式会社が新株予約権を発行するときは，新株予約権の内容を定める必要がある。新株予約権の内容として定めなければならない事項には，新株予約権の目的である株式の数（種類株式発行会社の場合は株式の種類・種類ごとの数），新株予約権の行使に際して出資される財産の価額（権利行使価額）またはその算定方法，新株予約権を行使することができる期間（権利行使期間），新株予約権の行使により株式を発行する場合に増加する資本金および資本準備金に関する事項，新株予約権に譲渡制限を付ける場合にはその旨などがある（会社236条1項各号参照）。

新株予約権には行使条件を付けることができ（会社238条1項1号），行使条件は株主ごとに異なるものも認められる。また，最判平成24・4・24民集66巻6号2908頁〔百選26事件〕は，非公開会社における新株予約権の行使条件が取締役会で変更され，それにもとづいて株式が発行された事案において，当該行使条件は株主総会の委任を受けて定められたものであるから，新株予約権の発行

後の取締役会による当該行使条件の変更は，その変更が細目的なものであるときを除き原則として無効であると判示した。

▶▶2　募集新株予約権の発行

【1】　序

　新株予約権が発行されるのは，新株予約権を引き受ける者を募集する場合（募集新株予約権の発行）と株主に無償で新株予約権を割り当てる場合（新株予約権の無償割当て）が主であるが，他にも取得請求権付株式（会社2条18号・107条1項2号・108条1項5号）または取得条項付株式（会社2条19号・107条1項3号・108条1項6号）の対価として新株予約権が発行される場合や組織再編の対価として新株予約権が発行される場合がある（会社749条1項2号ハ，758条4号ハ，768条1項2号ハなど）。

　本節では，募集新株予約権の発行について述べる。募集新株予約権の発行は，募集株式の発行と同様，株主割当て，第三者割当て，公募に分類され，募集新株予約権の発行手続は募集株式の発行手続に準じる。

【2】　募集事項の内容

　株式会社は，その発行する新株予約権を引き受ける者の募集をしようとするときは，その都度，募集新株予約権（当該募集に応じて当該新株予約権の引受けの申込みをした者に対して割り当てる新株予約権をいい，自己新株予約権は含まない）の内容・数，払込金額（無償発行の場合はその旨），割当日，払込期日などの募集事項を定めなければならない（会社238条1項）。募集事項は，募集ごとに均等に定めなければならない（会社238条5項）。

【3】　募集事項の決定

　❶　決定機関　　公開会社は，特に有利な条件または金額で募集する場合（有利発行。会社238条3項）を除き，募集事項の決定は取締役会の決議による（会社240条1項）。公開会社が取締役会決議で新株予約権を募集する場合は，原則として，割当日の2週間前までに，株主に対し，募集事項の通知または公告が必要である（会社240条2項～4項）。

　非公開会社は，原則として，募集事項の決定は株主総会の特別決議によるが（会社238条2項・309条2項6号），非公開会社でも，新株予約権の内容・数の上限，無償発行の場合はその旨，払込金額の下限について株主総会の特別決議で決定すれば，募集事項の決定を取締役（取締役会設置会社の場合は取締役会）に委任す

ることができる（会社239条1項・309条2項6号）。

❷ 有利発行　　募集新株予約権の発行が新株予約権を引き受ける者に有利になされ，その新株予約権が行使されると，既存株主の経済的利益が害されるおそれがある。このため，会社法は，新株予約権の有利発行について募集株式の有利発行に準じた手続を定めている。

ここでいう有利発行とは，①無償（金銭の払込みを要しない）で発行することが新株予約権を引き受ける者に特に有利な条件である場合（会社238条3項1号），または，②払込金額が新株予約権を引き受ける者に特に有利な金額である場合（会社238条3項2号）をいう。募集新株予約権の発行が有利発行に当たる場合には，募集事項の決定に株主総会の特別決議が必要である（会社238条2項・239条1項・240条1項・309条2項6号）。株主総会では有利発行を必要とする理由を説明しなければならない（会社238条3項・239条2項）。

有利発行に当たるかどうかは，新株予約権の発行時における新株予約権の公正な価値を評価し，これを著しく下回る条件や金額であるかどうかで判断することになる。新株予約権の公正な価値を評価する唯一の方法はないが，オプションの価値を評価するブラック・ショールズ・モデルを利用するのが代表的である。ブラック・ショールズ・モデルは，新株予約権を行使する時点での株価の予測はできなくても新株予約権などのオプションの価値は評価できることを前提とするオプション評価モデルであり，現在の株価，オプションの権利行使価額，権利行使日，金利，ボラティリティ（価格変動の度合い）によってオプションの価値が評価される（東京地決平成18・6・30判タ1220号110頁など参照）。

取締役等や従業員に対するインセンティブ報酬として付与されるストック・オプションは，平成13年11月の商法改正以降は，新株予約権の無償発行であり，有利発行に当たると考えられてきた。しかし，その後，ストック・オプションの付与について費用計上を義務づける会計基準が採用されたことから，会社法のもとでは，無償だからという理由だけで直ちに有利発行に当たるわけではない点に注意する必要がある。

❸ 株主割当て　　株式会社は，その発行する新株予約権を引き受ける者の募集をしようとする場合において，株主に新株予約権の割当てを受ける権利を与えることができる（会社241条1項。株主割当て）。新株予約権の株主割当てが行われる場合の手続は，募集株式の株主割当てが行われる場合に準じる。

株式会社は，会社法238条1項各号の募集事項のほか，株主に対し募集新株

予約権の割当てを受ける権利を与える旨，およびその募集新株予約権の引受けの申込みの期日を定めなければならない（会社241条1項1号・2号）。株主（当該株式会社を除く）は，その有する株式の数に応じて募集新株予約権の割当てを受ける権利を有する。ただし，当該株主が割当てを受ける募集新株予約権の数に1に満たない端数があるときは，これを切り捨てる（会社241条2項ただし書）。新株予約権の株主割当ての募集事項は，公開会社の場合，取締役会の決議（会社241条3項3号）により定められ，非公開会社の場合，原則として株主総会の特別決議（会社241条3項4号・309条2項6号）により決定されるが，定款の定めがある場合には，取締役（取締役会設置会社を除く）の決定または取締役会の決議により定められる（会社241条3項1号・2号）。新株予約権の株主割当てが行われる場合には，会社法238条2項～4項・239条・240条の規定は適用されない（会社241条5項）。

【4】 募集新株予約権の申込み・割当て

❶ 申込み　株式会社は，募集新株予約権の引受けの申込みをしようとする者に対し，一定の事項（株式会社の商号，募集事項，新株予約権の行使に際して金銭の払込みをすべきときは払込みの取扱いの場所など）を通知しなければならず（会社242条1項。同条5項・7項・8項も参照），募集新株予約権の引受けの申込みをする者は，申込みをする者の氏名または名称および住所と引き受けようとする募集新株予約権の数を記載した書面（電磁的方法も可）を株式会社に対して提出しなければならない（会社242条2項・3項）。募集新株予約権が新株予約権付社債に付されたものである場合には，申込者はその申込みに係る募集新株予約権を付した新株予約権付社債の引受けの申込みをしたものとみなされる（会社242条6項）。

ただし，株式会社が金融商品取引法に基づく目論見書を交付した場合など（会社242条4項）と募集新株予約権を引き受けようとする者がその総数の引受けを行う契約（総数引受契約）を締結する場合（会社244条1項）は，以上の手続は不要である（募集新株予約権が新株予約権付社債に付されている場合について会社244条2項参照）。募集新株予約権の目的である株式の全部または一部が譲渡制限株式であるとき，または，募集新株予約権が譲渡制限新株予約権であるときは，株式会社は，定款に別段の定めがある場合を除き，株主総会の特別決議（取締役会設置会社の場合は取締役会決議）によって，総数引受契約の承認を受けなければならない（会社244条3項・309条2項6号）。

❷ 割当て　　株式会社は，申込者の中から募集新株予約権の割当てを受ける者を定め，かつ，その者に割り当てる募集新株予約権の数を定めなければならない（会社243条1項）。この場合，株式会社は，当該申込者に割り当てる募集新株予約権の数を，申込者が引き受けようとする募集新株予約権の数よりも減少することができる（会社243条1項ただし書）。募集新株予約権の目的である株式の全部または一部が譲渡制限株式であるとき，または，募集新株予約権が譲渡制限新株予約権であるときは，株式会社は，定款に別段の定めがある場合を除き，株主総会の特別決議（取締役会設置会社の場合は取締役会決議）によって，募集新株予約権の割当てを決定しなければならない（会社243条2項・309条2項6号）。株式会社は，割当日の前日までに，申込者に対し，当該申込者に割り当てる募集新株予約権の数を通知しなければならない（会社243条3項）。株式会社が株主に募集新株予約権の割当てを受ける権利を与えた場合において，株主が引受けの申込期日までに引受けの申込みをしないときは，当該株主は，募集新株予約権の割当てを受ける権利を失う（会社243条4項）。

　募集株式発行の場合と異なるのは，募集新株予約権の申込者または総数引受契約により募集新株予約権の総数を引き受けた者は，その払込みがなくても，割当日に，株式会社の割り当てた募集新株予約権または総数引受契約により総数を引き受けた募集新株予約権を取得することである（会社245条1項）。もっとも，払込みをしないと募集新株予約権を行使することはできない（会社246条3項）。

❸　公開会社における募集新株予約権の割当て等の特則　　平成26年改正により，公開会社における募集新株予約権の割当て等についても，公開会社における募集株式の割当て等の特則（会社206条の2）と同様の規制が導入された（会社244条の2）。公開会社における募集新株予約権の割当て等について規制がないとすると，募集株式における同様の規制が潜脱されるおそれがあるためである。

　(a)　規制の対象となる場合　　公開会社は，募集新株予約権の割当てを受けた申込者または総数引受契約により募集新株予約権の総数を引き受けた者（引受人）について，以下の①に掲げる数（分子）の②に掲げる数（分母）に対する割合が2分の1を超える場合には，割当日の2週間前までに，株主に対し，当該引受人（特定引受人）の氏名または名称および住所，当該特定引受人の①の数などを通知しなければならない（会社244条の2第1項）。①および②は，以下のとおりである。

　①　当該引受人（その子会社等を含む）がその引き受けた募集新株予約権に係

る交付株式の株主となった場合に有することとなる最も多い議決権の数

② ①の場合における最も多い総株主の議決権の数

上記の交付株式とは，募集新株予約権の目的である株式，取得条項に基づいて募集新株予約権の取得と引換えに交付される株式，その他募集新株予約権の新株予約権者が交付を受ける株式として法務省令で定める株式をいう（会社244条の2第2項）。上記の通知は，公告に代えることができる（会社244条の2第3項）。株式会社が通知すべき事項について割当日の2週間前までに金融商品取引法の届出をしている場合などには，上記の通知は不要である（会社244条の2第4項）。

(b) 手続 総株主（株主総会で議決権を行使することができない株主を除く）の議決権の10分の1（これを下回る割合を定款で定めた場合はその割合）以上の議決権を有する株主が，上記の通知または公告の日から2週間以内に特定引受人（その子会社等を含む）による募集新株予約権の引受けに反対する旨を公開会社に対し通知したときは，当該公開会社は，割当日の前日までに，株主総会の決議によって，当該特定引受人に対する募集新株予約権の割当てまたは当該特定引受人との間の総数引受契約の承認を受けなければならない（会社244条の2第5項）。ただし，当該公開会社の財産の状況が著しく悪化している場合において，当該公開会社の事業の継続のため緊急の必要があるときは，株主総会の承認は不要である（会社244条の2第5項ただし書）。ここで要求される株主総会決議は普通決議である（会社244条の2第6項参照）。

【5】 募集新株予約権の払込み

新株予約権者は，払込期日（新株予約権の行使期間（会社236条1項4号）の初日の前日または募集新株予約権と引換えにする金銭の払込みの期日（会社238条1項5号）の定めがあるときは，その期日）までに，株式会社が定めた銀行等の払込みの取扱いの場所において，それぞれの募集新株予約権の払込金額の全額を払い込まなければならない（会社246条1項）。新株予約権者は，株式会社の承諾を得て，上記の払込みに代えて，払込金額に相当する金銭以外の財産を給付し，または当該株式会社に対する債権をもって相殺することができる（会社246条2項）。募集新株予約権の申込者または総数引受契約により募集新株予約権の総数を引き受けた者は，その払込みがなくても，割当日に，新株予約権者となるが，新株予約権者は，募集新株予約権の払込期日までに，それぞれの募集新株予約権の払込金額の全額の払込み（当該払込みに代えてする金銭以外の財産の給付または当該株式会社に対する債権をもってする相殺を含む）をしないときは，当該新株予約権

を行使することができない（会社246条3項）。

▶§3__ 新株予約権無償割当て

▶▶1　意義

　株式会社は，株主（種類株式発行会社にあっては，ある種類の種類株主）に対して新たに払込みをさせないで当該株式会社の新株予約権の割当てをすることができる。これを新株予約権無償割当てといい，株式無償割当て（会社185条〜187条）に準ずる規定が置かれている（会社277条〜279条）。

　新株予約権無償割当ては，敵対的買収に対する買収防衛策として利用される場合や，新たな資金調達方法として注目されているライツ・イシュー（ライツ・オファリングとも呼ばれる）の場合などに利用される。ライツ・イシューとは，株主全員に対して平等に新株予約権を無償で割り当てるものであり，新株予約権無償割当てを受けた株主は，払込みをして株式を取得するか新株予約権を市場で売却するかを選択することができる。

▶▶2　新株予約権無償割当てに関する事項の決定

　株式会社は，新株予約権無償割当てをしようとするときは，その都度，①株主に割り当てる新株予約権の内容および数またはその算定方法，②株主に割り当てる新株予約権が新株予約権付社債に付されたものであるときは，当該新株予約権付社債についての社債の種類および各社債の金額の合計額またはその算定方法，③新株予約権無償割当てが効力を生ずる日（効力発生日），④株式会社が種類株式発行会社である場合には，当該新株予約権無償割当てを受ける株主の有する株式の種類，を定めなければならない（会社278条1項1号〜4号。なお，278条2項）。これらの事項の決定は，定款に別段の定めがある場合を除き，株主総会の普通決議（会社309条1項）または取締役会決議（取締役会設置会社の場合）によらなければならない（会社278条3項）。

▶▶3　新株予約権無償割当ての効力の発生等

　新株予約権の無償割当てを受けた株主は，効力発生日に，当該新株予約権の新株予約権者（新株予約権付社債の場合は，新株予約権の新株予約権者および社債の社債権者）となる（会社279条1項）。株式会社は，株主に効力発生日後遅滞なく，

株主およびその登録株式質権者に対し，当該株主が割当てを受けた新株予約権の内容および数（新株予約権付社債の場合は，当該株主が割当てを受けた社債の種類および各社債の金額の合計額を含む）を通知しなければならない（会社279条2項）。この通知は，新株予約権の行使期間の末日の2週間前までになされる必要があり，行使期間の末日が当該通知の日から2週間を経過する日前に到来するときは，行使期間は，当該通知の日から2週間を経過する日まで延長されたものとみなされる（会社279条3項）。

▸§4＿ 新株予約権の譲渡等

▸▸1 新株予約権の譲渡

【1】 譲渡

新株予約権者は，その有する新株予約権を譲渡することができる（会社254条1項）。ただし，新株予約権付社債については，新株予約権付社債についての社債が消滅したときを除き，新株予約権のみを譲渡することはできず（会社254条2項），新株予約権付社債についての新株予約権が消滅したときを除き，社債のみを譲渡することはできない（会社254条3項）。

新株予約権の譲渡について証券（新株予約権証券または新株予約権付社債券）が発行される場合は，証券を交付しなければ，譲渡の効力は生じない（会社255条1項・2項）。また，株券が発行される場合に準じた規定がある（権利者の推定につき会社258条1項，善意取得につき会社258条2項など）。

新株予約権の譲渡について証券が発行されない場合の規定はないが，当事者の意思表示により譲渡できると解される。

【2】 対抗要件

新株予約権の譲渡は，新株予約権を取得した者の氏名または名称および住所を新株予約権原簿（会社249条～253条，272条の2）に記載または記録しなければ，会社その他の第三者に対抗することができない（会社257条1項）。

記名式の新株予約権証券または新株予約権付社債券が発行されている場合は，新株予約権原簿への記載または記録は会社に対する対抗要件であり（会社257条2項），その他の第三者に対する対抗要件は証券の所持である。

無記名式の新株予約権証券または新株予約権付社債券が発行されている場合は，新株予約権原簿への記載または記録が会社その他の第三者に対する対抗要

件とならず（会社257条3項・257条1項），当該証券の所持が会社その他の第三者
に対する対抗要件となる。

▶▶2　新株予約権の譲渡の制限

　株式の場合と同様，新株予約権の内容として，譲渡による当該新株予約権の
取得について会社の承認を要する旨を定めることができる（会社236条1項6号）。
譲渡制限新株予約権の譲渡手続（会社262条～266条）は，譲渡制限株式の譲渡と
ほぼ同様であるが，譲渡制限株式の場合（会社140条）と異なり，譲渡制限新株
予約権の譲渡を会社が承認しない場合の会社または指定買取人による買取りは
認められていない。これは，譲渡制限新株予約権は，会社の承認なしには譲渡
できないことを意味する。譲渡制限新株予約権を有する者は，会社が譲渡を承
認しない場合でも新株予約権を行使して株式を取得し，その株式を換価するこ
とができるから，譲渡制限新株予約権の流通を確保する必要性は乏しいと考え
られるからである。

▶▶3　新株予約権の質入れ

　新株予約権者は，その有する新株予約権に質権を設定することができる（会
社267条1項。新株予約権付社債の場合は，新株予約権と社債の双方に質権を設定する
必要がある。会社267条2項）。その他，新株予約権の譲渡に準じた規定がある（新
株予約権の質入れについて証券が発行される場合につき会社267条4項・5項，新株予約
権の質入れの対抗要件につき会社268条など）。

▶§5＿　新株予約権の行使

　新株予約権者は，新株予約権の内容および数，新株予約権を行使する日（権
利行使日）を明らかにして新株予約権を行使しなければならない（会社280条1
項）。証券発行新株予約権を行使しようとするときは，当該新株予約権証券が
発行されていない場合を除き，新株予約権者は新株予約権証券を会社に提出
する必要がある（会社280条2項。新株予約権付社債の場合も同様の規定がある。会社
280条3項～5項）。株式会社は自己新株予約権を行使することができない（会社
280条6項）。なお，株式会社による自己新株予約権取得については会社273条～
276条を参照（自己新株予約権取得については，自己株式取得の場合と異なり，財源規

制はない）。

　金銭を新株予約権の行使に際してする出資の目的とするときは，新株予約権者は，権利行使日に，株式会社が定めた銀行等の払込みの取扱いの場所において，権利行使価額の全額を払い込まなければならない（会社281条１項）。

　金銭以外の財産を行使に際してする出資の目的とするときは，当該財産を給付しなければならないが，当該財産が権利行使価額に足りないときは，払込みの取扱いの場所においてその差額に相当する金銭を払い込まなければならない（会社281条２項）。この場合には，募集株式における現物出資の場合と同様に検査役の調査が必要である（会社284条１項～10項参照）。

　新株予約権者は，上記の金銭の払込みまたは金銭以外の財産の給付をする債務と株式会社に対する債権を相殺することができない（会社281条３項）。新株予約権者は，権利行使日に，当該新株予約権の目的である株式の株主となる（会社282条１項）。株式会社が自己新株予約権を消却した場合（会社276条１項）のほか，新株予約権者が新株予約権を行使できなくなったときは，新株予約権は消滅する（会社287条）。その他，不公正な払込金額で新株予約権を引き受けた者等の責任，出資された財産等の価額が不足する場合の取締役等の責任，新株予約権に係る払込み等を仮装した新株予約権者・取締役等の責任について，募集株式の場合と同様の規定がある（会社285条～286条の３）。

▶§6__　新株予約権の発行の瑕疵

　新株予約権の発行に瑕疵がある場合，株式の発行に瑕疵がある場合と同様の規定が置かれている。会社法は，事前の措置として，募集新株予約権の発行の差止め（会社247条）について規定し，事後の措置として，新株予約権の発行の無効確認の訴え（会社828条１項４号）と新株予約権の発行の不存在確認の訴え（会社829条３号）について規定する。

▶▶1　募集新株予約権の発行の差止め

　募集新株予約権の発行が法令または定款に違反する場合，または，新株予約権の発行が著しく不公正な方法により行われる場合において，株主が不利益を受けるおそれがあるときは，株主は，株式会社に対し，募集新株予約権の発行をやめることを請求することができる（会社247条）。募集新株予約権の発行に

★Topic_09　敵対的買収と買収防衛策

　敵対的買収とは，買収の対象となった会社の経営陣の同意なく，買収を試みる者が対象会社の経営権を取得しようとすることをいい（その逆は友好的買収という），これに対抗して対象会社によりとられる措置を買収防衛策という。従来，敵対的買収はわが国の風土になじまないといわれ，その事案もほとんどなかったが，2005年に起こったニッポン放送事件（ニッポン放送の会社支配権をめぐるライブドアとフジテレビ（ニッポン放送はフジテレビグループの一員）の争奪戦を契機として，わが国でも敵対的買収や買収防衛策に関する議論が盛んになった。代表的な買収防衛策には，敵対的な買収者が有する対象会社株式の持分比率を希釈化させることを目的として，特定の第三者に対してなされる新株や新株予約権の第三者割当てがある。買収防衛策には，ニッポン放送事件やブルドックソース事件のように，具体的な敵対的買収者が出現した有事の際に導入されるものと，将来において敵対的買収者が出現した場合に備えて平時の段階で導入されるものがある（平時の買収防衛策として，新株予約権の株主割当てが争われた東京高決平成17・6・15判時1990号156頁〔百選A42事件〕）。

　対象会社の経営陣の判断で買収防衛策がとられるのが一般的であるが，買収防衛策が対象会社の経営陣の保身目的で利用される可能性もあり，対象会社の経営陣が会社ひいては株主の利益のために買収防衛策をとったといえるかが問題となる。この点について，2005年5月27日に「企業価値報告書」(https://www.meti.go.jp/policy/economy/keiei_innovation/keizaihousei/pdf/3-houkokusho-honntai-set.pdf) および「企業価値・株主共同の利益の確保又は向上のための買収防衛策に関する指針」(https://www.meti.go.jp/policy/economy/keiei_innovation/keizaihousei/pdf/3-shishinn-honntai-set.pdf)が公表された。企業価値報告書では，企業価値を高める敵対的買収は排除されるべきではなく，企業価値を損なう敵対的買収は排除されるべきであるとの立場から，買収防衛策の是非は企業価値を基準とすべきことが示された。また，買収防衛策に関する指針では，買収防衛策が企業価値ひいては株主共同の利益の確保または向上に資するものであるかという観点から買収防衛策の合理性を判断すべきであり，その際の基準として，①企業価値・株主共同の利益の確保・向上の原則，②事前開示・株主意思の原則，③必要性・相当性確保の原則が示された。いずれも実務や学界に大きな影響を及ぼしており，会社法のルールとして重要である。

　買収防衛策に関する代表的な重要判例には，以下のものがある。ニッポン放送事件東京高裁決定〔前出・東京高決平成17・3・23百選97事件〕は，会社の経営支配権に現に争いがある場合，経営支配権の維持・確保を主要な目的とする新株予約権の発行は，原則として不公正発行にあたるとしつつ，例外的に，株主全体の利益保護の観点から，

このような新株予約権の発行が正当化される「特段の事情」である4類型を例示した。また，ブルドックソース事件最高裁決定〔前出・最決平成19・8・7百選98事件〕は，特定の株主による経営支配権の取得に伴い，会社の企業価値がき損され，会社の利益ひいては株主の共同の利益が害されることになるような場合には，その防止のために特定の株主を差別的に取り扱ったとしても，当該取扱いが衡平の理念に反し，相当性を欠くものでない限り，株主平等原則に反するものとはいえないと判示した。

【矢﨑淳司】

より，持分比率の低下や株価の低下による損害を受けるおそれのある株主を救済するためである。会社支配権が争われる場面で新株予約権が発行される場合に，新株予約権の発行が不公正発行に当たるかが争われることがある。この場合にも，新株発行の第三者割当てと同様，不公正発行該当性を判断する基準として主要目的ルールが適用される（東京高決平成17・3・23判時1899号56頁〔百選97事件〕参照）。また，新株予約権の無償割当てについても，株主の地位に実質的な影響を及ぼす場合には，会社法247条の類推適用が認められる（最決平成19・8・7民集61巻5号2215頁〔百選98事件〕参照）。

▶▶2　新株予約権の発行の無効確認の訴え

　新株予約権の発行に瑕疵がある場合，一般原則によると，いつでも誰でも新株予約権の発行の無効を主張することができることになるが，それでは法的安定性を欠き画一的な取扱いが確保できないから，会社法は，新株発行の無効確認の訴えと同様，新株予約権の発行の無効確認の訴えの制度を整備した（会社828条1項4号）。無効事由は，新株発行の場合と同様，特に重大な瑕疵に限られると解され，無効の主張も訴えによらなければならない。新株予約権の発行の無効に係る請求を認容する判決が確定した場合には，新株発行の場合と同様，対世効（会社838条）と将来効（会社839条。842条も参照）を有する。

▶▶3　新株予約権の発行の不存在確認の訴え

　新株予約権の発行の不存在確認の訴え（会社829条3号）も，新株発行の不存在確認の訴えと同様，対世効を有し，不存在に係る請求を認容する判決が確定した場合には，その判決は遡及効を有する（会社839条・834条15号）。

06章— 社債による資金調達

▸§1__ 総説

▸▸1 社債の意義

　会社法2条23号は，社債を「この法律の規定により会社が行う割当てにより発生する当該会社を債務者とする金銭債権であって，第676条各号に掲げる事項についての定めに従い償還されるものをいう。」と定義している。社債は，会社の資金調達手段の1つであり，その法的性質は，金融機関からの資金の借入れと同様，金銭債権であるが，通常は公衆に対して大量に発行される点に特徴がある。社債を発行した会社は，社債権者に対して，期限が到来すると償還（元本の返済）しなければならず，それまでの間は所定の利息を支払わなければならないが，償還まで10年以上など比較的長期にわたることが多いため，社債権者の保護などの観点から様々な規制が置かれている（会社676条以下）。

　会社法上のすべての種類の会社が募集社債を発行することができるが，後述する新株予約権付社債は株式会社のみが発行することができる。以下では，主として株式会社が募集社債を発行する場合について述べる。

▸▸2 社債と株式の異同

　社債は，株式と同様，直接金融の手段として公衆から大量に資金を調達する点において共通する。社債は，株式と同様，小口の単位に細分化され，発行手続は株式の場合と類似する。また，社債の種類ごとに社債権者集会が組織される点も株主総会と類似する。しかし，社債と株式が最も異なるのは，社債（デット）により調達された資金は他人資本（負債）として発行会社に返済義務があるのに対し，株式（エクイティ）により調達された資金は自己資本として発行会社に返済義務がない点である。

　社債権者は会社債権者であるのに対し，株主は会社の社員であると位置づけられることから，社債と株式の法的性質は大きく異なる。①社債権者は，株

主のように経営に参加する権利（株主総会における議決権，各種の監督是正権など）を持たない，②社債権者は，会社の分配可能額の有無にかかわらず確定利息の支払を受け，期限がくれば償還がなされる（株主は，分配可能額がある場合にのみ剰余金の配当を受けることができるにすぎず，出資の払戻しも原則として認められない），③社債権者は，会社が解散した場合，株主に優先して会社財産から弁済を受ける（株主は，会社債務が弁済された後の残余財産から弁済を受けるにすぎない），といった相違点がある。

　もっとも，実際には，①一般の株主は会社経営に無関心で議決権行使も消極的であり，剰余金配当や株価に関心を持ち，会社も剰余金配当を標準化する傾向がある，②会社法は，非参加的かつ累積的な優先株式，議決権制限株式などの社債に近い株式のほか，新株予約権付社債のように株式に近い社債も認めているなど，社債と株式には近接している点もみられる。

▸§2__　募集社債の発行

▸▸1　序

　社債が発行される場合には，資金調達の手段として募集社債が発行される場合（会社676条〜680条。なお，後述する新株予約権付社債にはこれらの条文は適用されない。会社248条参照）のほか，取得請求権付株式や取得条項付株式の対価として交付される場合や，組織再編における対価として交付される場合がある。以下では，資金調達のために募集社債が発行される場合について述べる。

▸▸2　募集社債に関する事項の決定

【1】　募集事項の内容

　会社は，その発行する社債を引き受ける者の募集をしようとするときは，その都度，募集社債について，募集社債の総額，各募集社債の金額，募集社債の利率，募集社債の償還の方法および期限，利息支払の方法および期限，各募集社債の払込金額もしくはその最低金額またはこれらの算定方法，募集社債と引換えにする金銭の払込期日などを定めなければならない（会社676条）。

【2】　決定機関

　株式会社の場合には，取締役会設置会社では，会社法676条1号に掲げる事項（募集社債の総額）その他の社債を引き受ける者の募集に関する重要な事項と

して法務省令で定める事項（会社則99条参照）は，取締役会決議で定めなければならないが（会社362条4項5号），これら以外の事項は，その決定を取締役に委任することができる。これにより，取締役会で募集社債の総額を定め，具体的な発行を何回かに分けて取締役が決定・実行するシリーズ発行が認められるなど，市場の動向に対応した機動的な社債の発行が可能となる。

　指名委員会等設置会社では，取締役会決議によって，会社法676条各号に掲げる事項（同条1号の募集社債の総額を含む）その他の社債を引き受ける者の募集に関する重要な事項として法務省令で定める事項の決定を，執行役に委任することができる（会社416条4項）。監査等委員会設置会社では，一定の場合には，取締役会決議によって，同法676条各号に掲げる事項（同条1号の募集社債の総額を含む）その他の社債を引き受ける者の募集に関する重要な事項として法務省令で定める事項の決定を，取締役に委任することができる（会社399条の13第5項・6項）。

【3】　発行方法

　社債の発行方法には，公募発行，総額引受け，売出発行がある。

　公募発行は，直接公衆から募集する方法であり，発行会社自身が募集事務を行う場合（直接募集）と，募集事務を特定の会社に委託する場合（間接募集または委託募集）があるが，今日では直接募集はほとんどみられない。社債の応募額が発行予定総額に達しない場合は，応募不足額を証券会社が引き受ける方法（残額引受け）も認められている。

　総額引受けは，特定の者が社債の総額を包括的に引き受ける方法であり，発行会社との引受契約により社債は成立し，発行会社は直ちに資金を入手することができ，引受人は社債を公衆に売り出すことになる。引受人は原則として証券会社に限られる（金商36条の4第2項などを参照）。

　売出発行は，一定期間を定めてその期間内に公衆に個別的に社債を売り出す方法である。

▶§3__　募集社債の申込み・割当て・払込み

▶▶1　募集社債の申込み

　会社は，募集社債の引受けの申込みをしようとする者に対し，会社の商号，募集に係る会社法676条各号に掲げる事項，その他法務省令で定める事項を通

知しなければならない（会社677条1項，会社規163条）。ただし，会社が上記の事項を記載した金融商品取引法上の目論見書を募集社債の引受けの申込みをしようとする者に対して交付している場合その他募集社債の引受けの申込みをしようとする者の保護に欠けるおそれがないものとして法務省令で定める場合には，通知は不要である（会社677条4項，会社規164条）。募集社債の引受けの申込みをする者は，氏名または名称および住所，引き受けようとする募集社債の金額および金額ごとの数などを記載した書面を会社に交付するか（会社677条2項），この書面の交付に代えて，会社の承諾を得て，書面に記載すべき事項を電磁的方法により提供することができる（会社677条3項）。会社は，通知事項について変更があったときは，直ちに，その旨および変更の事項を募集社債の申込みをした者（申込者）に通知しなければならない（会社677条5項）。

▶▶2　募集社債の割当て

　会社は，申込者の中から募集社債の割当てを受ける者を定め，かつ，その者に割り当てる募集社債の金額および金額ごとの数を定めなければならない。この場合において，会社は，当該申込者に割り当てる募集社債の金額ごとの数を，申込者が引き受けようとする募集社債の金額ごとの数よりも減少することができる（会社678条1項）。会社は，募集社債の払込期日の前日までに，申込者に対し，当該申込者に割り当てる募集社債の金額および金額ごとの数を通知しなければならない（会社678条2項）。

▶▶3　募集社債の申込み・割当ての特則

　募集社債の申込み・割当てに関する以上のルールは，募集社債を引き受けようとする者がその総額の引受けを行う契約を締結する場合（総額引受け）には適用されない（会社679条）。

▶▶4　社債の成立と募集社債の払込み

　募集社債の申込みに対して割当てがされると，申込者は，会社が割り当てた募集社債の社債権者となる。総額引受けの場合は，総額の引受けを行う契約により引き受けた募集社債の社債権者となる。社債の応募額が社債総額に達しない場合でも割当てがあったものだけで社債を発行すること（打切り発行）が認められるので（会社676条11号参照），発行社債の応募額が発行予定総額に達しな

かった場合でも，実際の応募額を総額として社債が成立する。

申込者は，会社が定めた払込期日までに，払込金額の払込み（会社676条10号）または金銭以外の財産の給付（会社676条12号，会社規162条3号）をしなければならない。募集株式の場合と異なり，募集社債については，分割の払込みが認められており（会社676条12号，会社規162条1号），申込者からの相殺を禁止する規定はない。社債発行会社による社債権者に対する金銭債権と社債の相殺を認めた判例として，最判平成15・2・21金判1165号13頁〔百選A37事件〕がある。

‣§4__ 社債の管理・社債権者の保護

‣‣1 序

社債は，少人数または特定の者に対して発行される場合（私募）もあれば，多数の公衆に対して発行される場合（公募）もある。社債は，元本の償還と利息の支払など，その管理が重要になる。多数の公衆が社債を有するときは，各社債権者の債権額は少額でその利益も決して大きくはないが，社債権者が権利行使にあたり個別的な行動しかできないとすると社債権者の権利保護としては十分でないし，発行会社としても多数の社債権者と個別に対応するのは困難である。そこで，会社法は，社債が多数の公衆に対するものであり，多数の社債権者がいわば団体として共同の利益のために行動することを想定し，社債管理者，社債管理補助者，社債権者集会という制度を設けている。以下では，これらについて述べる。

‣‣2 社債管理者
【1】 社債管理者を設置しなければならない場合

会社は，社債を発行する場合には，社債管理者を定め，社債権者のために，弁済の受領，債権の保全その他の社債の管理を行うことを委託しなければならない（会社702条本文）。社債管理者は，銀行，信託会社，これらに準ずる者として法務省令で定める者でなければならない（会社703条，会社規170条）。ただし，各社債の金額が1億円以上である場合，または社債の総額を当該種類の社債の金額の最低額で除した数が50を下回る場合は，社債管理者の設置は不要である（会社702条ただし書，会社規169条）。これらの場合は，社債権者が大口投資家であったり，社債権者が多数にならないので，社債権者保護のために社債管理者

の設置を義務づける必要はないと考えられるからである。

　証券会社は，利益相反の防止などの理由から，社債管理者になることができない（金商36条の4）。

【2】　義務

　社債管理者は，社債権者のために，公正かつ誠実に社債の管理を行わなければならない（会社704条1項。公正誠実義務）。また，社債管理者は，社債権者に対し，善良な管理者の注意をもって社債の管理を行わなければならない（会社704条2項。善管注意義務）。社債管理者は，法定権限の行使に際してだけでなく，約定権限の行使に際しても，これらの義務を負う（社債管理者の法定権限および約定権限については，次の【3】「権限」を参照）。

　社債管理者が社債に係る債権の弁済を受けた場合には，社債権者は，当該社債管理者に対し，社債の償還額および利息の支払を請求することができ，社債券を発行する旨の定めがある場合は，社債券と引換えに当該償還額の支払を，利札と引換えに当該利息の支払を請求する必要がある（会社705条2項）。

【3】　権限

　❶　法定権限　　社債管理者は，社債権者のために社債に係る債権の弁済を受け，または社債に係る債権の実現を保全するために必要な一切の裁判上または裁判外の行為をする権限を有する（会社705条1項）。

　社債管理者は，社債権者集会の決議により，①当該社債の全部についてするその支払の猶予，その債務もしくはその債務の不履行によって生じた責任の免除または和解（次の②の行為を除く），または②当該社債の全部についてする訴訟行為または破産手続，再生手続，更生手続もしくは特別清算に関する手続に属する行為（会社705条1項の行為を除く）をすることができる（会社706条1項本文）。ただし，会社法676条8号（社債管理者が社債権者集会の決議によらずに社債の全部についてする訴訟行為および法的倒産処理手続に属する行為をすることができることとするときは，その旨）の事項についての定めがあるときは，社債権者集会の決議は不要である（会社706条1項ただし書）。社債管理者は，その管理の委託を受けた社債につき同項各号の行為をするために必要があるときは，裁判所の許可を得て，社債発行会社の業務および財産の状況を調査することができる（会社706条4項）。

　❷　約定権限　　法定権限のほかに，社債管理者は，会社と社債管理者との委託契約において社債管理者の法定権限以外の権限を定めるとき（会社676条12

号，会社規162条4号）は，その権限を行使することができる。

❸　その他の権限　社債管理者は，社債権者集会を招集することができ（会社717条2項），社債権者集会で意見を述べることができる（会社729条1項本文）。このほか，社債管理者は，会社と社債管理者との委託契約に別段の定めがある場合を除き，資本金または準備金の額の減少や組織再編の場合などにおいて，社債権者集会の決議によらずに異議を述べたり（会社740条2項），社債発行会社の社債権者に対する弁済等につき訴えをもって当該行為の取消しを請求したりすることができる（会社865条1項）。

【4】　責任

社債管理者は，会社法または社債権者集会の決議に違反する行為をしたときは，社債権者に対し，連帯して，これによって生じた損害を賠償する責任を負う（会社710条1項）。

社債管理者は，社債発行会社が社債の償還もしくは利息の支払を怠り，もしくは社債発行会社について支払の停止があった後またはその前3か月以内に，次の行為をしたときは，社債権者に対し，損害を賠償する責任を負う（会社710条2項本文）。①当該社債管理者の債権に係る債務について社債発行会社から担保の供与または債務の消滅に関する行為を受けること，②当該社債管理者と法務省令で定める特別の関係がある者に対して当該社債管理者の債権を譲り渡すこと（当該特別の関係がある者が当該債権に係る債務について社債発行会社から担保の供与または債務の消滅に関する行為を受けた場合に限る），③当該社債管理者が社債発行会社に対する債権を有する場合において，契約によって負担する債務を専ら当該債権をもってする相殺に供する目的で社債発行会社の財産の処分を内容とする契約を社債発行会社との間で締結し，または社債発行会社に対して債務を負担する者の債務を引き受けることを内容とする契約を締結し，かつ，これにより社債発行会社に対し負担した債務と当該債権とを相殺すること，④当該社債管理者が社債発行会社に対して債務を負担する場合において，社債発行会社に対する債権を譲り受け，かつ，当該債務と当該債権とを相殺すること。ただし，当該社債管理者が誠実にすべき社債の管理を怠らなかったこと，または当該損害が当該行為によって生じたものでないことを証明したときは，責任を負わない（会社710条2項ただし書）。

会社法710条1項が原則的規定であり，同条2項は社債権者保護の観点から設けられた特別規定である。同条2項は，社債管理者が社債発行会社に対する

貸付債権も有しているような場合において，社債発行会社の経営悪化時に社債管理者が自己の貸付債権を優先的に回収するような利益相反行為を防止するため，社債管理者に特別の損害賠償責任を負わせた規定である。

【5】 辞任・解任・事務の承継

　社債管理者は，社債発行会社および社債権者集会の同意を得たときに辞任することができるが，この場合において，他に社債管理者がいないときは，当該社債管理者は，あらかじめ，事務を承継する社債管理者を定める必要がある（会社711条1項）。また，社債管理者は，社債管理委託契約（会社702条）に定めた事由があるときに辞任することができるが，当該契約において事務を承継する社債管理者に関する定めがないときは，辞任することができない（会社711条2項）。このほか，社債管理者は，やむを得ない事由があるときは，裁判所の許可を得て，辞任することができる（会社711条3項）。

　裁判所は，社債管理者がその義務に違反したとき，その事務処理に不適任であるとき，その他正当な事由があるときは，社債発行会社または社債権者集会の申立てにより，当該社債管理者を解任することができる（会社713条）。

　社債管理者が，①社債管理者の資格を失ったとき，②やむを得ない事由があり，裁判所の許可を得て辞任したとき，③解任されたとき，④解散したとき，のいずれかに該当することとなった場合において，他に社債管理者がいないときは，社債発行会社は，事務を承継する社債管理者を定め，社債権者のために，社債の管理を行うことを委託しなければならない（会社714条1項前段）。この場合においては，社債発行会社は，社債権者集会の同意を得るため，遅滞なく，社債権者集会を招集し，かつ，その同意を得ることができなかったときは，その同意に代わる裁判所の許可の申立てをしなければならない（会社714条1項後段）。やむを得ない事由があるときは，利害関係人が事務を承継する社債管理者の選任の申立てをすることもできる（会社714条3項）。社債発行会社が事務を承継する社債管理者を定めた場合，または利害関係人の申立てにより裁判所が事務を承継する社債管理者を選任した場合（社債権者集会の同意を得た場合を除く）は，遅滞なく，その旨を公告し，かつ，知れている社債権者には，各別にこれを通知しなければならない（会社714条4項）。

▶▶3　社債管理補助者
【1】　社債管理者との関係

社債発行会社は，社債管理者の設置を要しない場合（会社702条ただし書，会社規169条）には，社債管理補助者を定め，社債権者のために，社債の管理の補助を行うことを委託できる（担保付社債の場合を除く。会社714条の2）。社債管理者が社債の管理に必要な権限を包括的に有しているのに対して，社債管理補助者は社債の管理の補助を行う限定的な権限を有するにとどまる。

　社債管理補助者は，銀行，信託会社，弁護士，弁護士法人でなければならない（会社714条の3・703条，会社規170条・171条の2）。

【2】　義務

　社債管理補助者は，社債管理補助の委託契約に従い，社債の管理に関する事項を社債権者に報告し，または社債権者がこれを知ることができるようにする措置をとらなければならない（会社714条の4第4項）。2以上の社債管理補助者があるときは，社債管理補助者は，各自その権限に属する行使をしなければならない（会社714条の5第1項）。社債管理補助者は社債権者に対して公平誠実義務や善管注意義務を負うなど，社債管理者に関する規定の多くが準用されている（会社714条の7・704条・707条・708条・710条1項・711条・713条・714条）。

【3】　権限

　社債管理補助者は，社債権者のために，破産手続などへの参加，強制執行などの手続における配当要求，清算株式会社に対する債権の申出のほか，社債管理補助の委託契約の範囲内で，社債に係る債権の弁済を受け，または社債に係る債権の実現を保全するために必要な一切の裁判上または裁判外の行為を行うなどの権限を有する（会社714条の4第1項・第2項）。ただし，一定の行為については，社債権者集会の決議が必要である（会社714条の4第3項）。

【4】　責任

　社債管理補助者は，会社法または社債権者集会の決議に違反する行為をしたときは，社債権者に対し，これによって生じた損害を賠償する責任を負う（会社714条の7・710条1項）。2以上の社債管理補助者があるときは，社債管理補助者は，各自その権限に属する行使をしなければならず（会社714条の5第1項），社債管理補助者が社債権者に生じた損害を賠償する責任を負う場合において，他の社債管理補助者も当該損害を賠償する責任を負うときは，これらの者は連帯債務者となる（会社714条の5第2項）。

【5】　社債管理補助者の委託契約の終了・辞任・解任・事務の承継

　社債管理者に係る委託契約が効力を生じた場合には，社債管理補助者に係る

委託契約は終了する（会社714条の6）。社債管理補助者は、社債発行会社および社債権者集会の同意を得て辞任することができ、この場合、当該社債管理補助者は、あらかじめ、事務を承継する社債管理補助者を定めなければならない（会社714条の7・711条1項。事務の承継については、714条1項が準用される）。また、社債管理補助者は、委託契約に定めた事由があるときに辞任できる（会社714条の7・711条2項）。やむを得ない事由があるときに裁判所の許可を得て辞任することもできる（会社714条の7・711条3項）。裁判所は、一定の事由があるときは、社債発行会社または社債権者集会の申立てにより、社債管理補助者を解任することができる（会社714条の7・713条）。

▶▶4 社債権者集会

【1】 意義

　社債権者集会とは、社債権者の利害に関する事項について意思決定をするための臨時的な合議体であり、社債の種類ごとに組織される（会社715条）。社債権者を保護するための制度であり、社債権者の利害に関する事項について社債権者集会の多数決で決定することが可能となる。

【2】 決議事項

　社債権者集会の決議事項は、会社法で規定する事項および社債権者の利害に関する事項である（会社716条）。会社法で規定する事項には、社債の全部についてする支払の猶予等または訴訟行為等に関する手続に属する行為を社債管理者が行うことについての承認（会社706条1項1号・2号・724条2項）、社債管理者の辞任への同意・解任請求・事務承継者の決定（会社711条1項・713条・714条1項）、代表社債権者または決議執行者の選任・解任（会社736条1項・737条1項ただし書、738条）、資本金の減少や組織再編行為に対する異議を述べることの決定（会社740条1項）などがある。

【3】 招集

　社債権者集会は、必要がある場合には、いつでも招集することができる（会社717条1項）。社債権者集会は、会社法717条3項または718条3項の規定により招集する場合を除き、社債発行会社または社債管理者が招集する（会社717条2項）。ある種類の社債の総額（償還済みの額を除く。社債発行会社が有する自己の当該種類の社債の金額の合計額は算入されない）の10分の1以上に当たる社債を有する社債権者は、社債発行会社、社債管理者または社債管理補助者に対し、社債

★Topic__10　短期資金調達手段としてのCP（コマーシャル・ペーパー）

　CP（コマーシャル・ペーパー）とは，主に優良企業が短期の資金調達を目的として発行する無担保の約束手形をいい，現在の短期金融市場における主力な運用商品として定着している。企業が直接金融で資金調達を行う手段である点において社債と共通するが，社債の償還期限が１年以上の長期であるのに対し，CPの償還期限は１年未満の短期（実際は，30日以内のものが多い）である点が大きく異なる。CPはアメリカで誕生し，わが国では1987年11月に取引市場が開設された。

　取引の性格上，当初は券面を発行する必要があったが，短期間に頻繁に発行・償還を繰り返すことになるため，利便性や流通性の向上を目的として，2002年４月に「短期社債等の振替に関する法律」（電子CP法）が施行された。これによりペーパーレス化が進み，現在では電子CPが主流となっている。同法にもとづき発行される電子CPは，短期社債に位置づけられる。「社債，株式等の振替に関する法律」（振替法）66条１号は，以下の４つの要件を満たすものを短期社債と定義している。①社債金額が１億円を下回らないこと，②元本の償還期限が１年未満で期限一括払いであること，③利息の支払期限は元本の償還期限と同日であること，④担保付社債信託法により担保が付されるものでないこと（振替法66条１号）。電子CPは上記の短期社債に位置づけられるため，会社法の社債の規定ではなく，振替法の規定が適用されることになる。

　なお，支払決済手段としてのCPについては，本書**08章§1**を参照。

【矢﨑淳司】

権者集会の目的である事項および招集の理由を示して，社債権者集会の招集を請求することができ（会社718条１項・２項），一定の場合には，裁判所の許可を得て，社債権者集会を招集することができる（会社718条３項）。無記名社債の社債権者は，会社法718条１項による社債権者集会の招集の請求または同条３項による招集をしようとするときは，社債券の提示が必要である（会社718条４項）。

　招集手続は，株主総会の招集手続に準じるが（会社719条～722条），無記名式の社債券を発行している場合は３週間前までに，社債権者集会を招集する旨および社債権者集会の目的である事項などを公告しなければならない（会社720条４項・５項）。

【4】　議決権

　社債権者は，その有する当該種類の社債の金額の総額（償還済みの額を除く）

に応じて議決権を有する（会社723条1項）。社債発行会社の有する自己の社債については、議決権は認められない（会社723条2項）。無記名社債の社債権者は、社債権者集会の日の1週間前までに、その社債券を招集者に提示しなければならない（会社723条3項）。

【5】 決議

　社債権者集会の決議は、出席した議決権者の議決権の総額の2分の1を超える議決権を有する者の同意により成立するのが原則である（会社724条1項。普通決議）。しかし、社債の全部についてする支払の猶予、代表社債権者の選任などの重要事項については、議決権者の議決権の総額の5分の1以上で、かつ、出席した議決権者の議決権の総額の3分の2以上の議決権を有する者の同意が必要である（会社724条2項。特別決議）。社債権者集会は、社債権者集会の目的である事項以外の事項については、決議をすることができない（会社724条3項）。議決権の代理行使、書面または電磁的方法による議決権の行使なども認められている（会社725条～728条）。

　社債権者集会は、特別決議により、当該種類の社債の総額（償還済みの額を除く。社債発行会社が有する自己の当該社債の金額の合計額は算入されない）の1000分の1以上に当たる社債を有する社債権者の中から、1人または2人以上の代表社債権者を選任し、決議事項の決定を委任することができる（会社736条。代表社債権者の選任は特別決議による。724条2項2号）。

　社債権者集会の決議があったときは、招集者は、当該決議の日から1週間以内に、裁判所に対し、当該決議の認可の申立てをしなければならない（会社732条）。社債権者集会の決議は、裁判所の認可を受けることによって効力を生じ、当該種類の社債を有するすべての社債権者に対して効力を有する（会社734条1項・2項）。裁判所は、会社法733条各号に該当する場合は、社債権者集会の決議を認可することができない。

　社債権者集会の決議は、社債管理者、社債管理補助者、または代表社債権者により執行されるが、社債権者集会の決議によって別に社債権者集会の決議を執行する者を定めてもよい（会社737条）。社債権者集会の決議により、いつでも代表社債権者もしくは決議執行者を解任し、またはこれらの者に委任した事項を変更することができる（会社738条）。

▶§5__　新株予約権付社債

　新株予約権付社債とは，新株予約権を付した社債をいう（会社2条22号）。新株予約権付社債は，社債権者に発行会社の新株予約権を同時に付与するものであり，社債権者の安定的な地位を享受しつつも，会社の業績次第では新株予約権を行使して株主になることもできる点において，社債の堅実性と株式の投機性を併せ持っている。社債発行会社からすると，新株予約権付社債の方が普通社債よりも低利で発行できるメリットがある。会社法のもとでは，新株予約権付社債は，原則として，新株予約権に関する規定と社債に関する規定の両方が適用されるが，その特則も規定されている。

　新株予約権付社債は，新株予約権と社債をそれぞれ分離して譲渡・質入れすることができないが，どちらか一方が消滅したときは，残る一方を譲渡・質入れすることができる（会社254条2項・3項・267条2項・3項）。証券が発行される場合は，譲渡には証券の交付が必要であり，証券の占有者は適法な権利者と推定されるほか，証券の交付を受けた者は，悪意または重過失がない限り，権利を取得する（会社255条2項・258条3項・4項）。また，証券が発行される場合には，新株予約権付社債券（会社249条2号・3号ホ・255条2項・267条5項）に新株予約権が表章されるため，新株予約権証券は発行されない。

　持分会社も社債を発行することができるが，新株予約権付社債を利用するのは株式会社に限られるため，新株予約権付社債の募集については，社債の募集に関する規定は適用されず（会社248条），募集新株予約権の発行手続による。すなわち，公開会社の場合は原則として取締役会決議により募集事項を決定し，非公開会社の場合は株主総会の特別決議により募集事項を決定する（会社238条1項・2項・240条1項）。新株予約権付社債の新株予約権の部分について「有利発行」となる場合は，株主総会の特別決議が必要である（会社238条3項・239条1項・240条1項・309条2項6号）。新株予約権付社債に付された新株予約権の数は，当該新株予約権付社債についての社債の金額ごとに，均等に定めなければならない（会社236条2項）。

07章__ 会社の計算

▸§1__ 総説

▸▸1 会社の計算と法規制

　会社の計算とは，会社の会計にかかる事項を意味する。業務執行者が効率的な会社経営をしていくには，自社の財産・損益の状況を計数で正確に把握しておく必要がある。経営判断をするための情報収集である。会計の技術を使って作成した情報が業務執行者に必要になる理由である。このようにたんに会社内部の者が情報収集するためというのであれば，計算について法規制する必要は大きくない。会社の自主性に任せておけばそれなりに上手くいくであろう。

　しかし会社を取り巻く利害関係人にとっても会社の計算は重要である。会社法が計算について定めを置き，それによることを会社に強制するのは，利害関係人が有する利益を保護・調整するという次の2つの目的のためである。第1に，利害関係人とりわけ株主・会社債権者に対して情報開示するという目的である。所有と経営が制度的に分離しているもとでは，実質的な所有者とされる株主でも当然には会計情報にアクセスできない。株主が今後も株主であり続けるのかという投資判断をしたり，株主総会で議決権行使をしたりするには，会計情報は有用である。債権者にとっては債権管理をするには，会社の財産・損益の状況を把握しておく必要がある。

　第2に，株主に対して分配できる会社財産の額を算出するという目的である。株主は，会社の利益に与るために会社に出資している。一般的にはできるだけ多くの分配（利益の配当）を受けることを望む。これに対して会社債権者にとっては，株主有限責任原則のもとでは（会社104条），自らの債権の引当てになるのは会社財産のみである。分配によって会社財産が社外に流出するのは望ましくない。会社債権者を保護するため，あるいは株主と債権者との相反する利害の調整をするため，会計の技術を利用して分配可能額を算出する。

▶▶2　会計規則

　会社の会計については，会社法第2編第5章「計算等（会社431条～465条）」
に定めがある（会社がしたがう他の会計規則について，★**Topic_11**）。会社法が法務
省令に委ねている事項については，会社法施行規則・会社計算規則に定めがあ
る。会社法施行規則は大幅に，会社計算規則に委ねており（会社規116条），自
らが直接定めるのは事業報告についてのみである（会社規117条～133条の2）。

　会計規則は膨大であり，そのすべてを会社法・法務省令で定めるのは困難で
ある。あるいはより積極的にいうと，会計規則は実際界で形成されてきたもの
が多く，そこでの会計慣行に委ねた方が効率的な場合も多くある。

　そこで会社法は次のような包括規定を置く。会社の会計は，一般に公正妥当
と認められる企業会計の慣行に従うものとする（会社431条）。問題は，同慣行
とは何を意味するのかである（争いになった事例として，最判平成20・7・18刑集62
巻7号2101頁〔百選72事件〕）。一般的には企業会計審議会およびその後継組織で
ある企業会計基準委員会が定める企業会計原則・企業会計基準をはじめとする
会計基準が同慣行に該当することには争いはない。しかしこれらに限られるわ
けではない。例えば中小企業の会計については，同委員会・日本公認会計士協
会等が共同して定めた「中小企業の会計に関する指針（最終改正2021年8月16日）」
も同慣行に該当するといってよい。

▶§**2**＿　会計帳簿

▶▶**1**　会計帳簿の作成・保存

　会社は法務省令に基づいて，適時に正確な会計帳簿を作成しなければならな
い（会社432条1項，会社計算4条～56条）。会計帳簿とは，会社が日々行う取引す
べてを継続的・組織的に記録する帳簿である。書面または電磁的記録をもって
作成される（会社計算4条2項）。決算手続では会計帳簿に基づいて計算書類・
その附属明細書が作成される（会社計算59条3項）。

　会社は，会計帳簿を閉鎖した時から10年間，会記帳簿および事業に関する重
要な資料を保存しなければならない（会社432条2項）。

▶▶2 会計帳簿の閲覧・謄写

【1】 意義

　①総株主の議決権の100分の3以上の議決権を有する株主または②発行済株式（自己株式を除く）の100分の3以上の数の株式を有する株主は，会社の営業時間中はいつでも，会計帳簿またはこれに関する資料（意義について，横浜地判平成3・4・19判時1397号114頁〔百選A32事件〕）の閲覧・謄写を請求できる。上記①②における100分の3という要件はいずれも定款で軽減できる（会社433条1項）。

　会計帳簿またはこれに関する資料の閲覧・謄写を請求することによって上記①②の株主は，会社の業務・財産・損益の状況に関して，計算書類・その附属明細書の閲覧や謄本・抄本交付の請求によるよりも詳細な情報を入手できる（→▶§4▶▶2【4】❷）。

【2】 請求の理由

　閲覧・謄写の請求をする場合には，請求の理由を明らかにしなければならない（会社433条1項後段）。拒絶事由に該当するのか否か，閲覧・謄写の対象になる会計帳簿・資料は何かを会社が判断できるようにするためである。このような趣旨に照らすと，請求の理由は具体的に記載しなければならない（最判平成2・11・8判時1372号131頁）。もっとも記載された請求の理由を基礎付ける事実が客観的に存在することについての立証は要しない（最判平成16・7・1民集58巻5号1214頁〔百選73事件〕）。

【3】 請求の拒絶

　会計帳簿・資料の閲覧・謄写によって株主は詳細な情報を入手できる。その反面会社にとっては，営業秘密をはじめとする重要情報が社外に知られることになる。このような相反する利害を調整するために，一定の事由に該当する場合に限り会社は請求を拒むことができるとされている（会社433条2項）。これらの事由のうち，請求者が会社の業務と実質的に競争関係にある事業を営み，またはこれに従事するものであるときという事由（同項3号）の解釈を巡って争いがある。①請求者が競業者に該当するという客観的事実があれば足りるのか，あるいは②同事実に加えて，入手する情報を請求者が競業に利用するという主観的意図を要するとするのかについてである。最高裁は前者の立場に立つ（最決平成21・1・15民集63巻1号1頁〔百選74事件〕）。

【4】 親会社社員の請求権

★Topic＿11　いろいろな会計規則

　本文では会社法が定める会計規則について説明した。会社がしたがう会計規則には会社法のみではなく，金融商品取引法や法人税法の定めるものがある。会社法の会計規則（会社法会計）とは法規制の目的が異なる（→▶§1▶▶1）。

　金融商品取引法は，上場会社をはじめ同法適用会社が財務にかかる書類を作成・開示するための規則を定めている（企業会計あるいは金融商品取引法会計）。法規制の目的は投資者保護である。会社法会計の目的の一つである分配可能額の算出という目的はない。

　上記書類の中心になるのは財務諸表・連結財務諸表である。これらは，同法が委ねる内閣府令である「財務諸表等の用語，様式及び作成方法に関する規則（財務諸表等規則）」・「連結財務諸表の用語，様式及び作成方法に関する規則（連結財務諸表規則）」にしたがって作成される（金商193条）。公認会計士または監査法人の監査証明を受けなければならない（金商193条の2）。このように会社法会計とは目的や依拠する基準は異なる。しかし金融商品取引法適用会社にとっては，内容が異なる2つの規則にしたがって書類を作成するのは二重の負担である。それゆえ双方の会計規則の内容が実質的にできるだけ異ならないように調整が続けられてきた。財務諸表・連結財務諸表を作成する際にしたがわなければならない「一般に公正妥当と認められる企業会計の基準」として，会社法会計でも一般的にはしたがわなければならない企業会計原則・企業会計基準（→▶§1▶▶2）が明定または予定されていることはその例証である（財務規1条1項〜3項，連結財務規1条1項〜3項）。

　法人税法は，法人税の額を計算するための規則を定めている（税務会計→09章▶§3▶▶1）。法規制の主たる目的は税負担の公平を図ることであるが，特別の損金算入を認める等して特定の政策にしたがうように法人を誘導するといった目的もある。

　このように会社法会計とは目的が大きく異なるのみならず，損金算入にみるように会計処理の基準も異なる。しかし次の2点を考慮すると，両者は全く異なるわけではないといえる。法人税額の計算の基礎になる所得の金額（課税標準）は，当該事業年度の益金の額から損金の額を控除した金額である。益金・損金の額は，それぞれ収益・費用の額をもとにして計算する。計算は，一般に公正妥当と認められる会計処理の基準にしたがってするが（法税22条1項〜4項），企業会計原則・企業会計基準はその基準に該当する（第1点）。法人税の確定申告は，確定した決算（法税74条1項）つまり会社法の会計規則にしたがってした決算の結果に基づいてしなければならない（第2点）。

　税務会計はビジネスプランニングに際して大きな影響力を有している。例えば課税の対象になる行為は敬遠され，その行為と経済的に類似の結果を得られる課税額がより少

ない行為が好まれる。あるいは一般に公正妥当と認められる企業会計の慣行（会社431条）が複数あるときは，税務会計において最も節税できる会計基準を会社法会計においても採用して，会計処理することが一般的である（→09章▶§3▶▶1）。

【多木誠一郎】

　会社の親会社社員（会社31条3項）も権利行使の必要があるときは，裁判所の許可を得て会計帳簿またはこれに関する資料の閲覧・謄写を請求できる（会社433条3項・4項）。

▶▶3　会計帳簿の提出命令

　裁判所は申立てによりまたは職権で，訴訟の当事者に対して会計帳簿の全部または一部の提出を命じることができる（会社434条）。

▶§3＿　計算書類・事業報告およびこれらの附属明細書等

▶▶1　総説

　事業年度ごとに計算書類・事業報告およびこれらの附属明細書を会社は作成しなければならない（会社435条2項）。計算書類とは，貸借対照表・損益計算書・株主資本等変動計算書・個別注記表である（会社計算59条1項）。会社成立の日における貸借対照表を作成する義務も会社にはある（会社435条1項）。計算書類・その附属明細書は会計帳簿に基づいて作成する（会社計算59条3項）。計算書類・事業報告およびこれらの附属明細書は，書面（紙媒体）のみならず，電磁的記録をもって作成することも可能である（会社435条3項）。

　計算書類を作成した時から10年間，計算書類・その附属明細書を会社は保存しなければならない（同条4項）。

　上記各書類については，例えば日本経済団体連合会が作成したひな型（巻末の「〔資料〕株式会社の各種計算書類等のひな型」）を参照されたい。

▶▶2　計算書類
【1】　貸借対照表

　貸借対照表とは，一定時点における会社の財産の状況を明らかにする計算書

である（会社計算72条～86条）。一定時点とは一般には会社の事業年度の末日である（会社成立の日・臨時決算日における貸借対照表もある（→▶▶1・▶▶5【1】））。

　貸借対照表は資産・負債・純資産という3つの部に区分して表示する（会社計算73条1項）。左側に資産，右側の上に負債，その下に純資産の各部を表示する。資産＝負債＋純資産という等式が常に成り立つ。右側は会社に投下された資本をどのように調達しているのか（調達形態）を示し，左側はその資本がどのように運用されているのか（運用形態）を示す。

【2】　損益計算書

　損益計算書とは，一定期間における会社の損益の状況（経営成績）を明らかにする計算書である（会社計算87条～94条）。一定期間とは一般には1事業年度という期間である（事業年度初日から臨時決算日までの期間にかかる損益計算書もある（→▶▶5【1】））。この期間に生じた収益とこれに対応する（収益を得るために支出した）費用をすべて記載し，その差額として最終的に当期純利益金額（または当期純損失金額）を算出する過程を明らかにする。

【3】　株主資本等変動計算書

　株主資本等変動計算書とは，貸借対照表の純資産の部の各項目について，1事業年度における変動事由・変動額を明らかにする計算書である（会社計算96条）。

【4】　個別注記表

　個別注記表とは，会社の財産・損益の状況をより正確に表せるようにするための注記をまとめて表示したものである（会社計算97条～116条）。

▶▶3　事業報告

　事業報告とは，会社の状況に関する重要な事項（会計事項を除く）を表示したものである（会社規118条～126条）。会計事項を含まないため，会計監査人監査の対象ではない（→▶▶2【2】❷）。

▶▶4　附属明細書

　附属明細書は，計算書類・事業報告の内容を補足する重要な事項を表示したものである（会社規128条，会社計算117条）。計算書類・事業報告と異なり，定時株主総会の招集通知に際して提供されないし，同総会に提出・提供もされない（会社437条・438条1項）。

▶▶5　その他の書類

　下記【1】【2】の書類は，計算書類・その附属明細書・成立の日における貸借対照表（会社435条1項・2項）とあわせて，計算関係書類と総称されることもある（会社規2条3項11号，会社計算2条3項3号）。記述が複雑になるのを避けるため本章では，下記【1】【2】の書類に言及していないことも多い。

【1】　臨時計算書類

　事業年度中（期中）の任意の日における会社の財産の状況を把握するため，最終事業年度の直後の事業年度における一定の日を臨時決算日として，会社は臨時決算書類を作成することができる。具体的には①臨時決算日における貸借対照表・②事業年度初日（期首）から臨時決算日までの期間にかかる損益計算書である（会社441条1項）。臨時計算書類について監査役・会計監査人による監査を受けたうえで，取締役会に続いて株主総会の承認を受けなければならないこと，および備置き・閲覧等は計算書類におけるのと同様である（会社441条2項～4項・442条）。この一連の手続を臨時決算という。

【2】　連結計算書類

　とりわけ大規模な会社は単独で事業をするのではなく，子会社（会社2条3号，会社規3条）・関連会社（会社計算2条3項18号）とともに企業集団を形成し，統一的に事業をしている場合も多い。このような会社については当該会社の単体ではなく企業集団全体の財産・損益の状況を示す情報が明らかになれば，会社の状況をより実態に即して理解しやすくなる。そこで会計情報に対する信頼性がより高い会計監査人設置会社のみについてではあるが，各事業年度の連結計算書類を任意に作成できる旨を会社法は定めている（会社444条1項）。事業年度の末日において大会社であり，かつ有価証券報告書提出会社（金商24条1項）である会社は，連結計算書類を作成しなければならない（会社444条3項）。会社を取り巻く利害関係人が多い点を考慮したためである。

▶§4　決算の手続

▶▶1　総説

　会社は各事業年度が終わるに際して決算をしなければならない。会社の決算とは，計算書類などの作成からはじまり，計算書類の公告に至るまでの一連の行為である。具体的には①計算書類などの作成，②計算書類などの監査，③取

締役会による計算書類などの承認，④計算書類などの開示，⑤定時株主総会における計算書類などの承認・報告，⑥決算公告である（本章では，条文中の見出しとしてそれぞれ異なった意味でも用いられている「計算書類等」を避け，敢えて「計算書類など」と記している。なお会社442条１項柱書では，同条のみで通用する「計算書類等」の定義が置かれている）。

決算によって事業年度の末日における財産の状況と１事業年度における損益の状況（経営成績）が確定し，その内容が株主をはじめとする利害関係人に開示される。

▶▶2　定時株主総会前
【1】　計算書類などの作成

事業年度ごとに，計算書類・事業報告およびこれらの附属明細書を会社は作成しなければならない（→▶§3▶▶1）。

【2】　監査

機関構成によって異なるが，監査役設置会社では次のように監査がなされる。

❶　監査役設置会社（会計監査人設置会社を除く）　監査役設置会社では計算書類・事業報告およびこれらの附属明細書は，監査役の監査を受けなければならない（会社436条１項）。監査役は，①計算書類・その附属明細書が会社の財産・損益の状況をすべての重要な点において適切に表示しているかどうかについての意見，②事業報告・その附属明細書が法令・定款にしたがい会社の状況を正しく表示しているかどうかについての意見等を内容とする監査報告を作成しなければならない（会社381条１項，会社規129条１項，会社計算122条）。

監査役会設置会社では監査役会は，監査役が作成した監査報告（監査役監査報告）に基づき，監査報告（監査役会監査報告）を作成しなければならない（会社390条２項１号，会社規130条１項，会社計算123条１項）。

❷　会計監査人設置会社　会計監査人設置会社では監査役の監査に加えて，計算書類・その附属明細書は，会計監査人の監査を受けなければならない（会社436条２項）。

会計監査人は，計算書類が会社の財産・損益の状況をすべての重要な点において適切に表示しているかどうかについての意見等を内容とする会計監査報告を作成しなければならない（会社396条１項，会社計算126条）。

会計監査人設置会社でも監査役は，計算書類・その附属明細書の監査，事業

書類・その附属明細書の監査の双方をしなければならない。しかし前者は主として会計監査人が行い，監査役は後者を中心にする。監査役は前者については会計・会計監査の専門家である会計監査人の監査に依拠し，会計監査人の監査に対する相当性の判断をする。このような監査のあり方に対応して，監査役の監査報告の内容が定められている（会社計算127条）。

　監査役会設置会社では監査役会は，監査役が作成した監査報告（監査役監査報告）に基づき，監査報告（監査役会監査報告）を作成しなければならない（会社390条2項1号，会社計算128条1項）。

　以上は，計算書類・その附属明細書の監査についてである。事業報告・その附属明細書は会計監査人の監査を受けないが，上記❶におけるのと同じく監査役の監査を受けなければならない（会社436条2項2号）。そのうえで監査役・監査役会はそれぞれ，監査役監査報告・監査役会監査報告を作成しなければならない（会社規129条1項・130条1項）。

【3】　取締役会の承認

　上記【2】の監査を受けた計算書類・事業報告およびこれらの附属明細書は，取締役会の承認を受けなければならない（会社436条3項）。これにより事業報告は確定する（確定によって生じる法的効果はない）。

【4】　計算書類などの開示

　❶　定時株主総会の招集通知に際して——事前の開示　　取締役会設置会社では取締役（代表取締役）は，定時株主総会の招集の通知に際して①取締役会の承認を受けた計算書類・事業報告（これらの附属明細書は不要）および②監査報告・会計監査報告を株主に提供しなければならない（会社437条）。

　❷　備置き・閲覧等——事前・事後の開示　　会社は，定時株主総会の会日の2週間前（取締役会設置会社の場合）の日から5年間，①計算書類・事業報告およびこれらの附属明細書ならびに②監査報告・会計監査報告を本店に備え置かなければならない（会社442条1項1号）。支店にも上記①②の写しを3年間備え置かなければならない（同条2項1号）。

　株主・会社債権者は会社の営業時間内はいつでも，上記①②の書類・その写しの閲覧を請求したり，同書類の謄本・抄本の交付を請求したりすることができる（同条3項）。親会社社員も，権利行使に必要があるときは裁判所の許可を得て，株主・会社債権者と同じ請求ができる（会社442条4項・868条2項）。

▶▶3　定時株主総会

【1】　原則

　取締役は，監査役・会計監査人の監査を受けたうえで，取締役会の承認を受けた計算書類・事業報告（これらの附属明細書は不要。→▶▶2【2】【3】）を定時株主総会に提出または提供しなければならない（会社438条1項）。

　計算書類は，①株主総会の普通決議による承認を受けなければならず（会社438条2項・309条1項），②事業報告はその内容を株主総会に報告すれば足りる（会社438条3項）。上記①の承認によって計算書類は確定する。

【2】　会計監査人設置会社の特則

　会計監査人設置会社では，取締役会の承認を受けた計算書類が法令・定款にしたがい会社の財産・損益の状況を正しく表示しているものとして法務省令で定める要件に該当する場合には，定時株主総会の承認は不要である（会社439条前段。承認特則規定）。取締役は計算書類の内容を事業報告の内容とともに同総会に報告することで足りる（会社439条後段・438条3項）。つまり計算書類は取締役会の承認によって確定する。上記要件は，分配特則規定（→▶§6▶▶2【2】❷）における要件と同様である（会社計算135条）。

▶▶4　定時株主総会後

　定時株主総会の終結後遅滞なく会社は，貸借対照表（大会社では貸借対照表・損益計算書）を公告しなければならない（会社440条1項。2項〜4項に例外）。一般に決算公告という。既に会社と何らかの関係にある者のみならず，広く一般に会社の財産（・損益）の状況を開示し，例えばこれから株主になろうとする者や取引をしようとする者の投資・取引の判断に役立つようにするためである。

▶§5＿　資本金・準備金・剰余金

▶▶1　資本金制度

　資産の額が負債の額以上であれば，すべての会社債権者は債権を満額回収できる。そうするとその超過額（資産の額−負債の額＝純資産の額）は，株主に分配しても債権者の利益を害することはなさそうである。しかしこれでは経営環境の急激な変化（例えば2020年に生じたコロナ禍）や経営の失敗により赤字（当期純損失金額の発生）になって資産の額が減ると，たちまち債権の回収に支障を来

すことになる。そこで債権者を保護するために，純資産の額全部を分配可能にするのではなく，一定の額を定めて純資産の額のうちその額までは分配できないように会社内部に拘束する（内部留保）。言い替えると負債の額に相当する資産（換金性のない資産は除かれるため，直截に「財産」といってもよいであろう。本章では，このような文脈では「財産」という場合もある）のみを拘束するのではなく，負債の額に一定の額を加えてそれに相当する額の資産を会社内部に拘束する。こうしておくと赤字で会社の資産の額が減ってもこの「一定の額」だけ余裕があり，資産の額が負債の額をただちに割り込むことにはなりにくい。この拘束の基準とすべく設けられたのが資本金である。つまり会社財産を確保するための基準となる一定の額が資本金の額である。資本金は，資産の額の減少による会社債権者への悪影響を和らげる機能を果たしているのである。このような機能に照らして最近では，資本金を「クッション」と表現したり，その果たす機能を「クッション機能」と表現したりすることも多い。

　クッションが分厚いほど会社財産の社外流出の可能性が少なくなり，会社債権者にとっては債権回収への期待が高まる。会社債権者を保護するために，会社法はクッションをもう一種類設けてクッション機能を充実させている。資本金を補完する準備金である。資本金の額に加えて準備金の額に相当する財産をさらに会社内部に拘束する。もっとも，同じくクッション機能を有するといっても準備金は，──例えば債権者異議手続を践むことなく準備金の額を減少できる場合もあり（会社449条1項ただし書）──会社財産を拘束する機能は資本金よりも弱い（→▶▶6【3】）。

▶▶2　資本金

【1】　資本金

　資本金の額は，設立・株式の発行に際して株主となる者が会社に対して払い込んだ金銭の額（金銭出資の場合）または給付した金銭以外の財産の額（現物出資の場合）とするのが原則である（会社445条1項）。

　いくつか例外がある（会社445条2項・5項・6項・447条・448条1項2号・450条）。このうち最も一般的なものは会社法445条2項が定めている。上記払込みまたは給付にかかる額の2分の1を超えない額は，資本金として計上しないことができる。計上しないことにした額は，資本準備金として計上しなければならない（同条3項）。

資本金の額は貸借対照表に表示され（会社440条1項，会社計算76条2項1号），かつ登記事項でもあり（会社911条3項5号），公示される。

【2】 資本（金）にかかる諸原則

資本金（準備金も含める場合もある）について伝統的には次のような諸原則が存在すると一般に認められてきた。

第1に，資本維持の原則である。資本金（・準備金）の額に相当する財産を維持することを会社は要求される（→▶▶1）。会社財産を確保するための基準という資本金の意義に照らして認められるものである。剰余金の配当等にかかる財源規制はこの原則の表れである（→▶§6▶▶4）。

第2に，資本充実の原則である。資本金（・準備金）の額に相当する財産が確実に会社に拠出されることが要求される。引き受けた株式についての出資の全額払込主義や現物出資についての検査役の調査はこの原則の表れである（→03章▶§5▶▶3【3】・▶▶5，NB2会社法 I 13章▶§3▶▶1【3】・▶▶2【3】）。

第3に，資本不変の原則である。資本金（・準備金）の額を容易に減少できるとすると，会社内部に拘束すべき財産の額が限りなく少なくなる。会社財産を確保するための基準となる資本金を設けた意味がなくなる。それゆえ資本金の額の減少には厳格な手続が要求される（→▶▶6【1】）。

▶▶3 準備金

【1】 資本準備金・利益準備金

資本準備金と利益準備金を総称して，準備金という（会社445条4項かっこ書）。一定の場合には準備金の計上が会社法で義務付けられている。最も一般的には次の2つの場合である。第1に，設立または株式の発行に際して資本準備金として計上しなければならない場合がある（→▶▶2【1】）。

第2に，剰余金の配当をする場合には，配当により減少する剰余金の額の10分の1を準備金として計上しなければならない（同項）。準備金の額が資本金の額の4分の1（基準資本金額）に達するまで計上する。資本準備金あるいは利益準備金のどちらに計上するのかは，剰余金の配当に際して減少するその他資本剰余金とその他利益剰余金（会社計算23条1号イ・2号イ）の割合に応じて決まる（会社計算22条）。

【2】 任意積立金

株主総会の決議によって会社は，任意積立金の積立てをすることができる（会

社452条）。剰余金の配当等の財源である剰余金の一部を，法律による義務付けではなく会社の自由意思に基づいて任意に会社内部に留保する。一度積み立てても取崩し（任意積立金の額を減少して，その額だけ繰越利益剰余金の額を増加すること）は可能である（→▶§6▶▶1【1】）。取崩しをしない限りは，資本金・準備金の額に加えて任意積立金の額に相当する会社財産が会社内部に拘束される。任意積立金は，その他利益剰余金の項目を細分して表示される（会社計算76条6項・5項2号）。例えば積立ての目的を定めない場合であれば「別途積立金」と表示されることが一般的である。積立ての目的があればそれに応じた名称，例えば「退職給与積立金」・「修繕積立金」・「配当積立金」が付される。

▶▶4　剰余金

【1】　意義

　剰余金の額は，剰余金の配当等の財源について規制する分配可能額を算出する際の基礎になる（→▶§6▶▶4【2】）。ここで分配可能額とは剰余金の配当等が効力を生じる日における額である（会社461条1項柱書・454条1項3号）。基礎になる剰余金の額も同日における額である。

【2】　剰余金の額の算出

　剰余金の配当等が効力を生じる日における剰余金の額を算出するための出発点（分配可能額算出のための基礎である同日における剰余金の額を算出するための出発点）は，最終事業年度の末日における剰余金の額である。複雑な算出方法によって得られる額は，同日におけるその他資本剰余金の額とその他利益剰余金の額の合計額である（会社446条1号，会社計算149条）。

　最終事業年度の末日から剰余金の配当等が効力を生じる日までの間に自己株式の処分・消却，資本金・準備金の額の減少，剰余金の配当などをした場合には，法定の額を上記合計額に加減して同日における剰余金の額を算出する。これらをしない場合には，上記合計額がそのまま同日における剰余金の額となる（会社446条2号〜7号，会社計算150条）。

▶▶5　資本金・準備金の額の増加──純資産の部の項目間の振替え

【1】　総説

　純資産の部の中心的な項目である株主資本を構成する代表的項目（会社計算76条1項1号イ・2項1号・3号・4号・4項〜6項），すなわち資本金・資本準備金・

利益準備金・その他資本剰余金・その他利益剰余金の間で金額を振り替えることができる。ここでいう振替えとは，ある項目の金額を減少して，その金額だけ別の項目の金額を増加する（組み入れる）ことである。振替えはいわば数字上の処理にすぎず，振替えによって会社財産は増減しない。

　▶▶5・▶▶6ではこのうち会社法にまとめて定められている資本金・準備金の額の増減となる振替えを取り上げる（会社447条～451条）。

【2】　資本金の額の増加

　①資本金の額は株式の発行に際して増加するし（→▶▶2【1】），②準備金の額を減少して，その額だけ資本金の額を増加することもある（会社448条1項2号，会社計算25条1項1号・26条2項・28条2項。→▶▶6【2】）。

　③剰余金の額を減少して，その額だけ資本金の額を増加することもできる。株主総会の普通決議によって（イ）減少する剰余金の額，（ロ）資本金の額の増加が効力を生じる日を定めなければならない（会社450条1項・2項，会社計算25条1項2号・27条2項1号・29条2項1号）。

【3】　準備金の額の増加

　①株式の発行に際して資本準備金が計上されうるし（→▶▶2【1】），②剰余金の配当に際して，財源に応じていずれかの準備金に計上されるし（→▶▶3【1】），③資本金の額を減少して，その額だけ資本準備金を増加したりもする（→▶▶6【1】）。

　④剰余金の額を減少して，その額だけ準備金の額を増加することもできる。株主総会の普通決議によって（イ）減少する剰余金の額，（ロ）準備金の額の増加が効力を生じる日を定めなければならない。減少する剰余金が①その他資本剰余金であれば資本準備金が，②その他利益剰余金であれば利益準備金が増加する（会社451条1項・2項，会社計算26条1項2号・27条2項2号・28条1項・29条2項2号）。

▶▶6　資本金・準備金の額の減少──純資産の部の項目間の振替え

【1】　資本金の額の減少

　会社は資本金の額を減少することができる（会社447条1項）。減少する額だけ，資本準備金の額またはその他資本剰余金の額が増加する（同項2号，会社計算25条2項・26条1項1号・27条1項1号）。

　❶　手続──原則　　株主総会の特別決議によって，次の3つの事項を定め

なければならない（会社447条1項・309条2項9号）。①減少する資本金の額，②減少する資本金の額の全部または一部を準備金とするときは，その旨および準備金とする額，③資本金の額の減少が効力を生じる日である。

❷　手続——例外　　上記❶には例外がある。1つは，欠損を塡補するのに必要な範囲でのみ定時株主総会の決議によって資本金の額を減少する場合には，普通決議で足りる（会社309条2項9号かっこ書）。

もう1つは，資本金の額を減少するのと同時に，株式の発行によってその減少額以上の額を資本金として計上する場合には，取締役会の決議で足りる（会社447条3項）。

❸　資本金の額の減少の無効の訴え　　資本金の額の減少の手続に瑕疵がある場合でも，当然には無効にならない。資本金の額の減少の無効の訴えをもってのみ，無効を主張できる。提訴期間は資本金の額の減少の効力が生じた日から6か月以内である（会社828条1項5号）。

【2】　準備金の額の減少

会社は準備金の額を減少することができる（会社448条1項）。減少する額だけ，資本金の額または剰余金の額が増加する。剰余金の額が増加する場合には，減少する準備金が①資本準備金であればその他資本剰余金が，②利益準備金であればその他利益剰余金が増加する（会社計算25条1項1号・26条2項・27条1項2号・28条2項・29条1項1号）。

❶　手続——原則　　株主総会の普通決議によって，次の3つの事項を定めなければならない（会社448条1項）。①減少する準備金の額，②減少する準備金の額の全部または一部を資本金とするときは，その旨および資本金とする額，③準備金の額の減少が効力を生じる日である。

❷　手続——例外　　1つは，準備金の額を減少するのと同時に，株式の発行によってその減少額以上の額を準備金として計上する場合には，取締役会の決議で足りる（会社448条3項）。

もう1つは，欠損の塡補を目的としてする準備金の額の減少において一定の要件を充たす場合には，計算書類・事業報告・これらの附属明細書を承認する取締役会が準備金の減少を定めることができる旨を定款で定めることができる（会社459条1項2号・2項・3項・460条，会社計算155条。剰余金の配当を定める権限を取締役会に一般的に付与する場合と同じ要件。→▶§6▶▶2【2】❷）。

【3】　債権者異議手続

資本金・準備金の額が減少すると，一般的には会社財産が社外に流出しやすくなり，会社債権者に不利益が生じうる。例えば資本金・準備金の額を減少して，①その額だけ剰余金の額を増加すると分配可能額が増加する。②その額だけ欠損の塡補に充てると（→【1】❷・【2】❷），欠損が解消して分配可能額がプラスになる時期が早まる。資本金の額を減少して，その額だけ準備金の額を増加すると，その額だけ基準資本金額に近づくとともに，資本金の額の減少によって基準資本金額そのものも減少するため，分配可能額が増加する。そこで資本金・準備金の額を減少する場合には会社債権者を保護するために，債権者異議手続を践むことが原則として要請される（会社449条）。

　準備金の額の減少においては2つの例外があり，これらの場合には同手続を践む必要はない。1つは，減少する準備金の額の全部を資本金とする場合である（同項柱書かっこ書）。もう1つは，①定時株主総会で欠損の塡補のみのために準備金の額の減少について決議し，かつ②その額が同総会の日における欠損の額（会社計算151条。→▶§6 ▶▶4【4】）を超えない場合である（会社449条1項柱書ただし書）。

　債権者異議手続では会社は，次の事項を官報に公告し，かつ知れている債権者（意義について，大判昭和7・4・30民集11巻706頁〔百選75事件〕）に各別に公告しなければならない。①資本金・準備金の額の減少の内容，②会社の計算書類に関する事項（会社計算152条）および③債権者が一定の期間内に異議を述べることができる旨である（会社449条2項。3項に例外）。

　上記③の期間内に異議を述べなかった債権者は，資本金・準備金の額の減少を承認したとみなされる（同条4項）。これに対して債権者が異議を述べたときは会社は，その債権者に対して①弁済し，②相当の担保を提供し，または③弁済を受けさせることを目的として信託会社等に相当の担保を提供しなければならない（同条5項本文。ただし書に例外）。

　資本金・準備金の額の減少は，減少の効力が生じる日（会社447条1項3号・448条1項3号）に効力が生じる。

▸§6__ 剰余金の配当

▸▸1 総説

【1】 剰余金の処分一般

剰余金（その他資本剰余金・その他利益剰余金）を財源（原資）にして会社財産の処分をしたり，剰余金の項目を他の項目・剰余金の他の項目に――会社財産の処分を伴わずたんに――振り替えたりすることを総称して，剰余金の処分という。具体的には例えば，前者には①剰余金の配当が（会社453条），後者には②剰余金の額を減少して，その額だけ資本金・準備金の額を増加すること（→▸§5 ▸▸5【2】【3】）・③損失の処理・④任意積立金の積立て（→▸§5 ▸▸3【2】）がある。別に定められている剰余金の処分（上記①②等）を除く剰余金の処分一般（剰余金についてのその他の処分。会社財産の処分を伴わない上記振替えに限る）について会社法452条が定める。同条によると上記③④のほか例えば任意積立金の取崩しは，株主総会の決議によってする（ただし会社459条1項3号，会社計算153条2項）。

損失の処理とは，その他利益剰余金の額がマイナスになっている場合に，その他資本剰余金の額を減少して，その額だけその他利益剰余金の額を増加することによって，マイナスをゼロにすることである（会社計算27条2項3号・29条1項3号）。

【2】 剰余金の配当を規制する趣旨

株主は，一般的にはできるだけ多くの分配（利益の配当）を受けることを望む。これに対して会社債権者にとっては，株主有限責任原則のもとでは（会社104条），分配によって会社財産が社外に流出するのは望ましくない（→▸§1 ▸▸1）。会社債権者を保護する，あるいは株主と債権者との相反する利害の調整をする必要がある。そこで会社法は利益の配当を，剰余金の配当と称して（会社453条），手続（→▸▸2）・財源（→▸▸4）について規制している。

▸▸2 手続

【1】 原則

剰余金の配当をしようとするときは会社は，株主総会の普通決議によって①配当財産の種類・帳簿価額の総額，②株主に対する配当財産の割当てに関する

事項，③剰余金の配当が効力を生じる日を定めなければならない（会社454条1項）。自己株式に対しては配当できない（同項1号かっこ書）。

上記②についての定めは，株主の有する株式の数に応じて配当財産を割り当てることを内容とするものでなければならない（同条3項）。

1事業年度内において剰余金の配当ができる回数に制限はない。事業年度の末日を基準日（会社124条）にするのみならず，事業年度中（期中）の任意の日を基準日にして剰余金の配当をすることも可能である。4月1日から3月31日を事業年度とする会社であれば，3月31日を基準日とする期末配当，例えば9月30日を基準とする中間配当（→【2】❶），6月30日・12月31日を基準とする四半期配当をすることもできる。

【2】　例外——意思決定機関について

❶　中間配当　　取締役会設置会社は1事業年度の途中において1回に限り，取締役会の決議によって剰余金の配当（配当財産は金銭に限る）ができる旨を定款で定めることができる。中間配当という（会社454条5項）。これにより1事業年度に1度のみではあるが，下記❷によらずとも株主総会ではなく取締役会の決議で配当することができる。

❷　取締役会への権限の一般的な付与　　次の要件を充たす場合には，取締役会が剰余金の配当を定めることができる旨を定款で定めることができる（会社459条1項4号）。①会計監査人設置会社であること，②取締役（監査等委員会設置会社では，監査等委員である取締役以外の取締役）の任期が1年以内であること，③監査役会設置会社，指名委員会等設置会社または監査等委員会設置会社であること。

上記定款の定めは，最終事業年度にかかる計算書類が法令・定款にしたがい会社の財産・損益の状況を正しく表示しているものとして法務省令で定める要件に該当する場合に限り効力を有する（会社459条2項，会社計算155条。分配特則規定）。

▶▶3　配当金の支払

株主総会または取締役会で剰余金の配当を決議して，剰余金の配当が効力を生じる日に効力を生じると株主は，配当金支払請求権（現物配当も併せて考えると配当財産交付請求権）を取得する。この請求権は，株主の権利の1つである剰余金の配当を受ける権利（会社105条1項1号。抽象的な権利）を基礎にして上記

決議によって具体化した金銭債権である。

　配当金支払請求権は株式とは別個の権利である。株式が移転しても，それとともに移転しない。反対に株式とは別に，この請求権のみを譲渡することも可能である。

▶▶4　財源規制

【1】　総説

　剰余金の配当といっても，剰余金のすべてを財源（原資）にして配当できるわけではない。剰余金の配当は，（剰余金の配当が効力を生じる日における）分配可能額の範囲内でしなければならない（会社461条1項。財源規制）。剰余金の配当のみならず，会社財産が社外に流出する自己株式の取得（一部）を広く含めて会社法は，剰余金の配当等と総称したうえで，剰余金の配当等を共通の財源規制のもとに置いている。会社債権者を保護するため，あるいは株主と債権者との相反する利害の調整をするためである。記述が複雑になるのを避けるため本章では，剰余金の配当等の代表格である剰余金の配当のみを取り上げて説明することも多い。

　分配可能額の範囲内であっても，純資産の額が300万円を下回る場合には会社は剰余金の配当をすることができない旨が定められている（会社458条，会社計算158条6号）。

【2】　分配可能額の算出

　分配可能額は，（剰余金の配当等が効力を生じる日における）剰余金の額を基礎にして（会社461条2項1号。→▶§5▶▶4【2】），これに種々の金額（同項2号～6号）を加減して算出する。加減する金額がなければ，剰余金の額＝分配可能額となる。剰余金の算出と同じくかなり複雑である。

　例えば①臨時計算書類について承認を受けた場合には（→▶§3▶▶5【1】），事業年度初日から臨時決算日までの期間にかかる損益計算書に計上された損益の額を剰余金の額に加減する（同項2号イ・5号，会社計算156条・157条）。

　②のれん・繰延資産が計上されている場合には，のれん等調整額（資産計上されたのれんの額の2分の1と繰延資産の額の合計額）という概念を用いて算出した額を減算する（会社461条2項6号，会社計算158条1号）。

【3】　財源規制に違反した場合の責任

　分配可能額を超えてなされた剰余金の配当は違法である。手続（→▶▶2）に

違反する配当も違法であるが，違法配当というと一般には財源規制に違反した場合を意味する。違法配当の私法上の効力を巡っては有効説と無効説が対立している。

違法配当がなされた場合には，本来会社内部に拘束しておかなければならない額に相当する財産が社外に流出したことになる。会社の財産の状況は悪化する。そこで下記①-③の者に会社に対して金銭を支払う義務を負わせることにより，会社財産の回復を図って会社債権者を保護する（会社462条）。財源規制に違反する剰余金の配当等（会社461条1項各号）がなされた場合に共通する金銭支払義務を定めているが，ここではそのうち違法配当（同項8号）を念頭において説明する。

❶　金銭等の交付を受けた者（株主）の責任　　①財源規制に違反して剰余金の配当を受けた株主は，交付を受けた金銭等の帳簿価額に相当する金銭を下記②③の者と連帯して会社に対して支払う義務を負う（会社462条1項柱書）。分配可能額を超えた配当であることについて株主が善意あるいは悪意であるのかにかかわらず株主は義務を負う。下記②③の者におけるのと異なり，義務の免除に関する規定はなく，免除の是非については争いがある。

このような義務を負う株主に対して会社債権者は自らの債権額を上限として，株主が交付を受けた金銭等の帳簿価額に相当する金銭を支払うことを請求できる（会社463条2項）。

❷　業務執行者・議案提案取締役の責任　　上記①の者全員から会社が金銭の支払を受けることは，実際には困難な場合が多い。そこで下記②③の者に特別の責任を負わせることによって，会社財産の回復を図っている。②剰余金の配当に関する職務を行った業務執行者（会社462条1項柱書，会社計算159条8号）および③剰余金の配当を決議した株主総会にかかる総会議案提案取締役・取締役会にかかる取締役会議案提案取締役は（会社462条1項6号，会社計算160条・161条），配当として交付された金銭等の帳簿価額（配当総額）に相当する金銭を連帯して会社に対して支払う義務を負う。上記②③の者が負う義務と上記①の者が負う義務も連帯関係にある。

上記②③の者は，職務を行うについて注意を怠らなかったことを証明したときは支払義務を負わない（会社462条2項）。過失責任である。上記②③の者が負う義務は総株主の同意があれば，剰余金の配当の時点における分配可能額を限度として免除できる（同条3項）。免除額に限度が設けられているのは債権者保

護のためである。

【4】 欠損塡補責任

　分配可能額の範囲内で剰余金の配当をしていたとしても事後的に，業務執行者が責任を負わなければならない場合もある。剰余金の配当をした後に多額の損失が生じ，配当をした日が属する事業年度にかかる計算書類について（翌事業年度に開かれる）定時株主総会で承認を受けた時点で，分配可能額がマイナスになってしまうこともある。マイナス状態を欠損，マイナスの額（絶対値をとった正の数字。会社計算151条）を欠損の額という。このような場合には剰余金の配当に関する職務を行った業務執行者は，会社に対して連帯して欠損の額を支払う義務を負う（会社465条1項）。欠損塡補責任という。同責任の対象になる会社の行為は，剰余金の配当等（会社461条1項）より広い（会社465条1項4号・5号）。ここでは剰余金の配当を念頭において説明する。

　会社財産の回復を図って会社債権者を保護するための規定であると解するのが一般的である。もっともこのように解すると，債権者の同意がなくとも総株主の同意によって責任を免除できるとする下記規定(同条2項)を説明しにくい。業務執行者が職務を行うについて注意を怠らなかったことを証明したときは欠損補塡責任を負わない（同項柱書ただし書）。過失責任である。

　次の2つの場合には例外的に欠損塡補責任は生じない。剰余金の配当時点では分配可能額の範囲内で適法に配当していても，欠損塡補責任によって事後的に責任を負わなければならなくなるおそれがある。そうすると業務執行者は配当の額について保守的になりうる。そこで定時株主総会またはそれに代わって計算書類・事業報告・これらの附属明細書を承認する取締役会（承認特則規定が適用される場合（会社439条，会社計算135条）。→▶§4 ▶▶3【2】）において剰余金の配当を決議した場合に限って，欠損塡補責任は生じないことにしている（会社465条1項10号イ）。これが1つ目である。

　もう1つは，資本金または準備金の額を減少して，その額だけ剰余金の額を増加したうえで剰余金の配当をする場合である。減少額の範囲内で配当をするときに限る（同号ロ・ハ）。資本金・準備金を減少する際債権者異議手続を踏んでおり（→▶§5 ▶▶6【3】❶），債権者保護がなされているからである。

　欠損塡補責任は，総株主の同意があれば免除できる（同条2項）。

08章__ 会社の支払決済手段／電子債権
（電子記録債権）

▸§1__ 会社の支払決済手段

▸▸1 支払と決済

　私たちは，毎日，様々な取引をして，その結果として支払と決済をしている。例えば買主は，商品の引渡しを受ける代わりに，代金を支払う義務を負い，他方で売主は，商品を引き渡す代わりに，代金の支払を請求する権利を持つ。商品を受け取った買主が，その代金債務を履行するために，現金で支払を行えば，これにより当事者の債権債務関係は消滅する。あるいはクレジットカードにより支払を行うときは，銀行口座から代金相当額が引き落されると，債権債務関係は消滅する。現金の受渡しや口座の引落しなどにより債権債務関係を消滅させることを，決済という。

▸▸2 企業間取引の支払決済手段── 約束手形，CP，電子記録債権

　日々の生活の支払決済のためには，現金が利用されることが少なくない。ただ，現金を持ち運ぶには盗難や紛失の危険があるから，できれば代わりの手段を使う方が安全のために望ましい。私たちの普段の生活でも，クレジットカードや口座振込み，電子マネーなど，現金によらずに，電子端末機やICカード，コンピュータなどの電子的方法によって支払決済を行う仕組みが普及している。

　これに対し，企業間の取引では，従来，現金によらない支払決済手段として，小切手や約束手形といった有価証券が用いられてきたが，経済社会の情報技術化が進む中で，物理的な券面（紙）が迅速・安全な支払決済を阻害しているという問題が認識されるようになった。そして，2007（平成19）年に電子記録債権法が成立し，権利内容を電子データとして記録する電子記録債権（「電子債権」とも呼ばれる）によって支払決済を行う仕組みが整えられ，実務ではその利用が広がりつつある。

　電子記録債権は，経済的に見ると，短期の資金調達手段という約束手形が果

★Topic__12　フィンテックとは

　売買などがあると，その支払のために，売主側から取立てをしたり，あるいは，買主の側から振込みや送金を行うことがある。このように支払に充てる資金の移動を行う取引を為替取引という。為替取引は，かつては銀行の独占業務とされ，銀行口座を用いて行われてきた。しかし近時は，登録を受けた資金移動業者により，コンビニやスマートフォンなどで振込みや送金ができるようになっている（資金決済に関する法律〔資金決済法〕2条2項・3項・37条）。

　以上のような為替取引だけでなく，情報技術の進化に伴って，金融と情報技術を組み合わせたサービスが，融資や暗号資産（仮想通貨），投資資産運用や保険などの様々な分野に及んでおり，広くフィンテックとよばれている。フィンテック企業から私たち利用者が安定かつ信頼したサービスを受けるためには，関連する法律や制度の整備が欠かせない。

　たとえば暗号資産（ビットコインやイーサリウムなど）は，「取引所」と呼ばれる暗号資産交換業者から入手して，支払決済や送金に用いることができ，また，法定通貨（円やドル）と交換することもできる。電子データ資産である暗号資産によって，決済の利便性が高まることが期待できるが，他方で，暗号資産には資産の裏付けがないなどの事情から投機的な取引に利用されやすいという問題がある。また，犯罪や詐欺に利用される事例も報告されている。そこで，暗号資産の売買・交換等は，資金決済法や犯罪による収益の移転防止に関する法律（犯罪収益防止法）の対象とされ，暗号資産交換業者は登録制とされるほか（資金決済法63条の2），利用者への説明義務・情報提供義務や利用者財産を事業財産と分別して管理する義務（同法63条の10・同条の11）などが課せられている，また，一定額を超える暗号資産の交換等には本人確認を要する（犯罪収益防止法4条・2条2項32号）。暗号資産を用いた新たな取引に対応し，投資家を保護するため，金融商品取引法も改正されているほか，暗号資産の販売業者に顧客への説明義務を課すなど，金融商品の販売等に関する法律も改正されている。

　フィンテックに関わる法律や制度を適切に整備することで，私たちの生活に新たな価値が生み出されていくことが期待されている。

【島田志帆】

たしてきた役割を，紙によらずに実現するものである。また，同じく紙によらない短期の資金調達手段として，CP（コマーシャル・ペーパー）がある。以下では，これらの相違を確認してから，約束手形と電子記録債権の具体的な法的仕

▶図表08_1　小切手

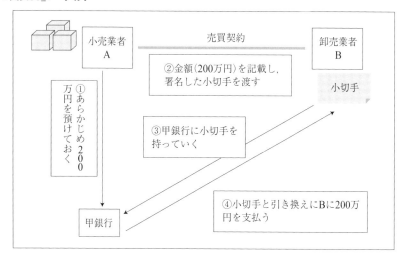

組みを見ていく。

【1】　短期の資金調達の必要性

　企業間取引の支払決済では，現金の代わりに，小切手が利用されることがある（▶図表08_1参照）。たとえば電化製品の小売業者Aが卸売業者Bから200万円分の商品を仕入れる場合，Aが，売買代金の支払のために現金200万円を直接Bに持っていくのは不便であるし，盗難や紛失の危険もある。Aは，あらかじめ支払資金の200万円を自分の取引銀行（甲銀行）に預けておき，自分の署名のある小切手を持ってきた人に対して，小切手に記載された金額を預金から支払ってくれるように頼んでおく。Bに対しては，支払金額を記載し署名をした小切手を渡す。Bが，自分の取引銀行を通じて甲銀行に小切手を持っていけば，小切手と引換えに200万円を受け取ることができる。

　小切手を利用すれば，現金の受渡しよりも安全にかつ迅速・簡便に支払決済を行うことができるが，そのためには，口座に入金できる現金がなければならない。しかし，企業の事業活動においては，常に十分な現金・預金があるとは限らない。

　例えば会社が製造販売業を行う場合，社債や株式を発行したり，銀行から借入れをするなどして事業基盤を整えた後，実際に原材料を仕入れ，商品を生産し，販売するという形で会社の事業活動が行われ，商品が売れれば，会社は儲

け（利益）を得ることになる。会社は，その一部を留保しつつ，株主には配当を支払い，借入先（社債権者や銀行）には元本を返済し，利息を支払っていく。しかし，実際に商品が売れて代金を回収できるまでの間にも，原材料の仕入れにかかる代金や従業員の給料，借りた土地の賃料など，様々な支払が出てくる。

そこで，会社は，代金を回収するまでの間，あとどれだけ会社に資金が残っているのか，給料や賃料の支払はどのくらいあるのかなどを把握しながら，その間を賄うための短期的な資金を調達することがどうしても必要になってくる。

【2】 約束手形，CP，電子記録債権による資金調達

❶ 売掛債権　　企業が短期の資金調達を考えたとき，もちろん銀行借入れをすることもできる。しかし，銀行には金利を払わなければならないし，念入りな返済計画も必要になる。もし，取引の相手方（売主）が支払を待ってくれるなら，その方がよいだろう。これは法的にみれば，売買契約において支払期日を遅らせることを当事者で約定しているに過ぎないが，実質的に見れば，売買代金相当額の借入れをして支払期日に返済することと同じである。このように取引の相手方に支払を待ってもらうことで，買主は，実質的に短期の資金調達を行うことができる。

支払を待つことに応じた売主が，買主に対して有している債権を売掛債権という。売主は，支払期日までは支払を受けられないことになるが，他方で，売主の側でも短期の資金調達の必要があるから，この売掛債権をそのために利用するのがよい。売主は，持っている売掛債権を金融業者などに買い取ってもらうことで（ファクタリング），売掛債権を支払期日の前に現金化することができる。ただ，売掛債権の譲渡は，法的には民法の債権譲渡（民467条）の方法によることになるため，対抗要件を具備しなければならないなどの手間もある。そこで，売掛債権の支払として買主から約束手形を受け取り，約束手形を現金化する方法が利用される。

❷ 約束手形　　約束手形とは，小切手と同じく有価証券の一種であり，約束手形の発行者（買主）が受取人（売主）に対し，支払期日に一定金額を支払うことを約束する証券である（手形の種類には為替手形もあるが，詳しくは手形法の分野で学ぶ）。

約束手形を利用するときは，小切手とは異なり，あらかじめ銀行口座に支払資金を入金しておく必要はない。買主Aは，売主Bに対して，「2か月後の『〇

▶図表08_2 約束手形

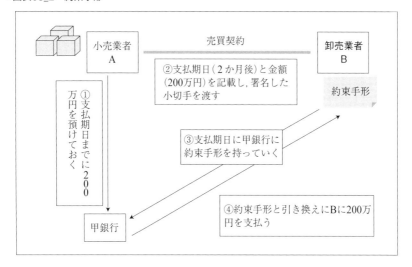

年○月○日』（支払期日）に甲銀行の口座から200万円を支払います。」と約束して、金額を記載し署名をした約束手形をBに渡す。Bは、支払期日に、約束手形と引換えに200万円を受け取ることができる。Aの方では、支払期日までに、仕入れた商品を転売して売買代金を回収し、甲銀行の口座に200万円を入金しておけばよい（▶図表08_2参照）。

　約束手形は、小切手と同じく、現金によらない支払決済の手段としても利用できるが、代金の支払を待ってもらうことは、約束手形を利用してのみ円滑に行うことができる。

　約束手形を受け取ったBは、支払期日の前に銀行にこの約束手形を買い取ってもらうことで、これを現金化することができる。手形の譲渡には裏書という簡便な方法が用意されているため、民法の債権譲渡の対抗要件を具備するなどの手間はいらない。銀行は支払期日までの利息と手数料を割り引いた金額を対価として手形を買い取ってくれるので、これは手形割引とよばれている（▶図表08_3参照）。

　後述するように、約束手形には、手形法やその他の制度により、取引の安全を保護し、支払を確実にする仕組みが整えられているため、短期の資金調達に利用しやすくなっている。

　なお、(約束)手形の廃止（2026年予定）については、★Topic_04（10頁）を参照。

▶図表08_3　手形割引

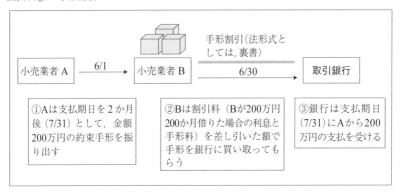

❸　CP　　上場会社などの信用力のある優良企業が短期の資金調達をするには，銀行からではなく，市場を通じて投資家から直接に資金調達することが可能である。このように短期の資金調達のために市場で発行されるものをCP（コマーシャル・ペーパー）という。

CPは，法形式としては約束手形として発行することもできるが，短期で発行と支払を繰り返すことになるため，約束手形によると券面（紙）の作成と受渡しが煩雑になる。そこで，社債の一種（短期社債）として発行することもでき，現在ではこの利用が多い。短期社債を発行する場合，券面は発行されず，株式と同じように，口座振替の方法により譲渡される（社債，株式等の振替に関する法律66条以下）。

❹　電子記録債権　　短期の資金調達のためにCPを利用できるのは，財務状況が優良な上場会社に限られる。そこで，非上場会社（中小企業）では，特に昭和40年代以降，手形割引が短期の資金調達手段として活発に利用されてきた。しかし，経済社会の情報技術化が進む中で，物理的な紙面を用いた資金調達には限界が認識されるようになった。約束手形には盗難や紛失のリスクがあるし，紙の運搬・保管にコストがかかる。そこで，これらの問題を解消し，約束手形の仕組みを電子的に実現するものとして創設されたのが「電子記録債権」という金銭債権である（▶図表08_4参照）。

電子記録債権の手続的な仕組みは，不動産登記制度に似ているが，国家機関（登記所）ではなく，一定の要件を満たした民間企業が「電子債権記録機関」となる点で異なっている。売買当事者の双方は，電子債権記録機関（たとえば

▶図表08_4　電子記録措置

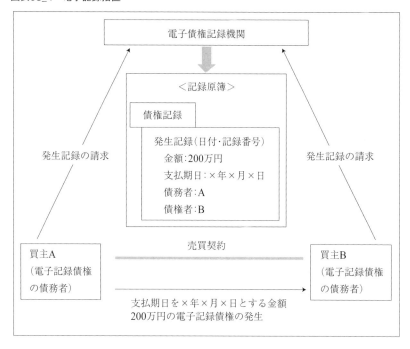

全国銀行協会が設立した「でんさいネット」）に対して発生記録を行うよう請求し，これを受けた電子債権記録機関が「記録原簿」とよばれる帳簿に電子記録を行う。これにより，買主が売主に約束手形を振り出したのと同じように，買主（電子記録債権の債務者）と売主（電子記録債権の債権者）の間に，一定金額を支払期日に支払うことを内容とする債権が発生する。発生する電子記録債権ごとに作成される記録を「債権記録」というが，発生記録だけでなく，譲渡記録，支払等記録などの各電子記録が，債権記録を構成していくことになる。

　電子記録債権は，約束手形の欠点を解消しながら，約束手形と同様，支払期日前に譲渡したり，銀行などに買い取ってもらうことで，中小企業の資金調達手段として活用されることが期待されている。

▸§2__ 約束手形と電子記録債権の仕組み

▸▸1 総説

　電子記録債権は，約束手形の機能を電子的に実現するために創設されたものであるから，基本的な法的仕組みは約束手形と変わらない。また，約束手形と同じく，迅速・円滑に決済されるよう，銀行取引と結びつけられている。

　以下では，まず，手形・小切手と銀行取引との関わりを概観してから，手形法に基づく約束手形の基本的な規律を確認する。最後に，約束手形と電子記録債権との異同を説明する。

▸▸2 手形・小切手と銀行取引

【1】 手形・小切手と当座預金

　手形・小切手が企業の支払決済の手段や資金調達手段としての機能を発揮するためには，銀行取引と結びつくことが不可欠である。銀行口座を使えば，銀行の審査を受けた信用力のある企業が手形や小切手を発行することになるから，手形・小切手を用いた取引の信用度も高まる。また，手形・小切手を預かったり，手形や小切手を取り立てるといった事務についても，銀行が行ってくれる。

　企業が手形・小切手を使用するには，あらかじめ銀行と当座勘定取引契約を締結する必要がある。当座勘定取引契約とは，支払資金を銀行に預かってもらい，手形・小切手の支払を行ってもらうことを主な内容とする契約である（小切手法3条参照）。この契約に基づき企業が銀行に預けた資金を当座預金という。当座預金口座が開設されると，企業はその銀行から統一手形用紙や統一小切手用紙（全国銀行協会が規格・様式を定めた用紙）を購入する。この用紙には，支払場所である契約先の銀行店舗（たとえば甲銀行乙支店）が印刷されており，そこに開設された当座預金口座から，手形・小切手の支払が行われることになる。

　企業が手形・小切手を受け取ってきたときも，当座預金口座が利用される。企業は，当座預金口座を開設した銀行に手形・小切手の取立てを依頼して，取り立てた手形金・小切手金を自分の当座預金口座に入金してもらうことで，手形・小切手の支払を受けることができる（▸図表08_5参照）。

【2】 手形交換所による手形交換・銀行取引停止処分

▶図表08_5　手形・小切手と銀行取引

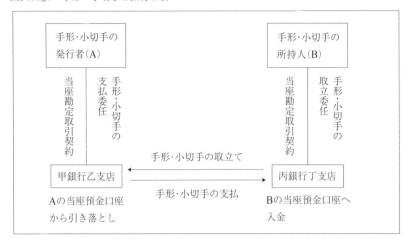

銀行には日々，取立てや支払を依頼される手形・小切手が大量に持ち込まれる。そこで，各銀行が加盟する各地の銀行協会によって，手形交換所が運営されている。各銀行は，取立てを依頼された手形・小切手を手形交換所に持ち寄って，自分が支払場所となっている手形・小切手と交換し，その差額を決済する（手形交換）。各銀行がそれぞれ取り立てたり支払に応じたりする手間がなくなるため，手形・小切手の決済を迅速・簡便に行うことができる。

また，手形交換所が運営している重要な制度に，銀行取引停止処分がある。これは，手形交換所を通じて支払を請求された手形・小切手が，残高不足などの理由で支払拒絶となったとき（不渡り），それが6か月以内に2回生ずると，以後2年間，取引銀行だけでなく，すべての銀行との間で，当座預金を使った取引や借入れができなくなるという処分である。この厳しい処分を回避しようと，企業は振り出した手形や小切手を何とか支払うよう仕向けられる。銀行取引停止処分は，手形・小切手の信用を高めるために大いに役立っている。

▶§3__　約束手形の仕組み

▶▶1　総説

手形法・小切手法は，手形・小切手の所持人が，手形・小切手を発行した者（振出人という）の承諾を得ることなしに，手形・小切手を譲渡することができ

▶図表08_6　統一手形用紙（約束手形）

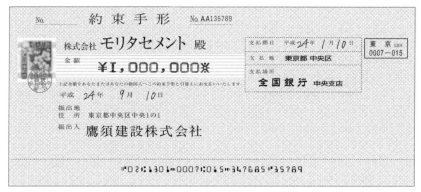

出所）一般社団法人・全国銀行協会サイトより。

るようにしている。つまり，いったん振り出された手形・小切手は，振出人が知らないうちに，人から人へ渡っていくことになる。実際には，必ずしも次々と譲渡されているわけではないが，仕組みとしては，流通することが予定されているのである。

　手形や小切手が流通することを予定して設計されているということは，重要な意味を持っている。このような前提があることで，手形・小切手を受け取った企業は，他の取引の支払のために，あるいは手形割引のために手形を簡便かつ迅速に譲渡できることになり，ひいては企業の経済活動が円滑に，そして活発に行われることが可能になるからである。

　そのために手形法・小切手法は，取引の安全を保護し，円滑・迅速な支払を可能にするための様々な制度を設けている。以下では，約束手形の仕組みを中心に取り上げる。

▶▶2　約束手形の成立

　❶　約束手形の記載事項　　約束手形を振り出すには，振出の当事者として，振出人の署名と受取人の記載が必要であり，手形金額，支払期日など手形法が定める必要的記載事項（手形要件）をすべて証券に記載しなければならない（手形76条1項）（▶図表08_6参照）。そして手形法は，手形要件が記載されていない手形は，原則として手形としての効力を有しないと定めている（同条2項）。約束手形を取得する者は，手形要件がすべて記載されているかどうかを確認すれ

ば，それを受け取ってよいかを迅速に判断できることになる。

❷　署名と手形の交付　手形を振り出すには，手形に署名しなければならない。署名とは，本来，自己の名称を手書きすることをいうが（自署），わが国では印鑑の慣習が普及していることから，記名捺印も署名と認められている（手形82条）。署名に用いるべき名称は，誰が振り出したのかを識別できるのであれば，芸名や通称でもよい。株式会社のような法人が手形行為をする場合には，「○○株式会社代表取締役△△」のように，法人のためにすることを示して，法人の代表者が署名する方式で行わなければならない。

手形の振出は，振出人が手形に署名

▶図表08_7　手形の裏書

出所）一般法人・全国銀行協会サイトより。

するだけでなく，さらにこれを受取人に交付することで成立すると考えられている（交付契約説）。もっとも，この説によれば，たとえばAが手形に署名だけして盗取された場合（手形の交付がない場合）には手形債務は成立していないことになって，取引の安全が害される。そこで，Aの責に帰すべき事由のもとに手形が流通したような場合には，そのような外観を信じて善意かつ無重過失で手形を取得した者に対して，Aは手形債務を負担するものと解されている（権利外観理論）。

▶▶3　約束手形の流通

【1】　約束手形の裏書

たとえばAが振出人として受取人Bに約束手形を振り出した場合，Bは，この手形を支払期日（法律上，満期という）まで所持して，支払を請求することができるが，満期まで待たずに，他の取引の支払のために手形を譲渡したり，手形割引によって手形を現金化してもよい。手形の譲渡は，裏書という方法により，手形の譲受人を次の権利者として指定することで行われる。裏書によって

手形を譲渡する人を裏書人，裏書によって次の権利者として指定された人のことを被裏書人という（▶図表08_7参照）。

　統一手形用紙の裏面には裏書欄があり，次の権利者を指定する旨（裏書文句という）があらかじめ印刷されている。この場合，裏書人は，裏書欄に署名し，被裏書人を記載すれば，裏書が成立する（記名式裏書）。被裏書人を記載せずに，裏書人が署名するだけで裏書することもできる（白地式裏書）。

　裏書をすると，裏書人の有する手形上の一切の権利が，被裏書人に移転する（手形14条1項）。たとえば，振出人Aが受取人Bに対して振り出した約束手形について，Bが裏書人となりCを被裏書人として裏書・交付すると，Cが手形上の権利者となる。

　手形を受け取った企業が取引銀行に取立てを依頼するときには，取立委任裏書という裏書が行われる（手形18条）。取立委任裏書をするときは，手形に「取立てのため」など，手形の取立てを委任する旨の記載をしなければならない。法的には，取立委任裏書を受けた銀行が，取立委任裏書をした裏書人の代理人として，手形の取立てを行い，取立委任裏書をした裏書人に取り立てた手形金を渡すことになる。

【2】　裏書人の担保責任

　たとえば振出人Aが受取人Bに対して振り出した約束手形が，BからCへと裏書されたとする。このような場合，手形法は，裏書人Bは，支払を担保する責任（Aが手形金を支払わないときには，Bが支払う責任）を負うことを定めている（手形15条1項）。これを裏書人の担保責任という。

　裏書人Bが被裏書人Cに担保責任を負うということに限れば，Bは，Aの負担している手形債務の保証人になっているのと変わらない（実際に手形法には手形保証（30条）という制度もある）。しかし，裏書人の担保責任は，単なる保証とは異なっている。上記の例で，さらにCがDに裏書すれば，Bは，Cだけでなく，Dにも担保責任を負うからである。Dからみれば，Aが支払をしないときは，BまたはCに対して担保責任を追及することができることになる。裏書人の担保責任は，手形の流通を促進するため，法が特に認めた責任であると考えられている（法定の担保責任）。

【3】　所持人の権利推定

　裏書は，BからCへ，CからDへというように，次々になされることが予定されている。裏書の記載上，B→C，C→Dというように間断なく裏書が連続して

いるときには（これを「裏書の連続」という），手形を所持している被裏書人Dが手形上の権利者である可能性が高い。そこで，手形法は，裏書の連続した所持人を手形上の権利者と推定するものとしている（手形16条1項）。

　たとえばDが，裁判によって手形金の支払を請求するとき，裏書の連続した手形を提出すれば，請求される被告側（例えば振出人A）によって原告Dは手形上の権利者ではないという証明がされない限り，Dは裁判所から勝訴判決をもらうことができる。裏書の連続した手形があれば，簡便に権利行使できるから，このルールは手形の支払が円滑・迅速に行われることにつながっている。

【4】　善意の手形取得者の保護

　❶　手形の善意取得　　裏書の連続した所持人は権利者として推定されるが，それは実際にも所持人が権利者であることまで意味するものではない。しかし，裏書の記載上，裏書が連続していれば，この手形を取得しようとする者にとっては，その手形の所持人が手形上の権利者であるかのような外観が生じている。そこで手形法は，このような外観を信じて手形を取得した者を保護するため，たとえ無権利者から手形を取得した場合でも，裏書の連続した手形の所持人から善意かつ無重過失で裏書によって手形を取得した者は，手形上の権利を取得することを定めている（手形の善意取得。手形16条2項）。手形の善意取得により取引の安全は保護されるから，これは手形が流通するための大事なルールである。

　❷　人的抗弁の切断　　約束手形を振り出すときは，売買のように，その原因となっている法律関係（原因関係という）があることが通常である。そして，手形は，振出により，原因関係上の権利（売掛債権）とは別の権利として生み出されて，裏書により譲渡されていく。このとき，手形の裏書を受けた者が，その振出の基礎にある原因関係について影響を受けるとすると，裏書によって簡単に手形を譲渡するということ自体，阻害されてしまいかねない。そこで手形法17条は，振出の当事者間の原因関係（人的関係）に支払を拒むことができる事情が生じていても，善意で手形の裏書を受けた第三者に対しては，そのような事情を主張できないものとしている。これを人的抗弁の切断とよんでいる。

　たとえばAがBに対して，売掛債権の支払のために約束手形を振り出したが，後にAB間の売買契約が解除されたような場合，そのような事情を知らずに手形の裏書を受けたCに対して，Aは手形金の支払を拒むことはできない。人的抗弁の切断も，手形の善意取得と並んで，取引の安全を保護するための大事な

ルールである。

▶▶**4**　約束手形の支払

【1】　手形の支払

　満期がきたら，手形の所持人は振出人に対して支払を請求できるが，このと
き所持人は，手形を呈示して請求しなければならない（手形38条1項）。これを
支払呈示という。手形は，紙（証券）を使って次々と譲渡されることが予定さ
れているため，所持人の側から，証券を呈示して，支払を請求することになっ
ている。

　もっとも，実際には，手形の所持人が直接に振出人の住所まで行って支払を
求めることはほとんどない。通常は，取立てを委任された取引銀行が，手形交
換所を通じて支払呈示をする（手形38条2項）。

【2】　支払免責

　手形の流通過程で盗難や裏書偽造が起こり，所持人が無権利者となっている
ことがある。しかし，振出人にとっては，そのような事情があったかは分から
ないことが多い。振出人は，もし間違って支払ってしまうと，真の権利者に対
して再び手形金を支払わなければならなくなるが，だからといって，所持人が
真の権利者か否かをいちいち調査しなければならないとすると，迅速・円滑な
支払はできなくなってしまう。そこで手形法40条3項は，裏書の連続する手形
の所持人が権利者として推定されること（手形16条1項）を前提に，そのような
所持人に対して振出人が支払をしたときは，たとえ所持人が無権利者であった
としても，悪意または重過失がない限り，その支払により振出人は免責される
ことを定めている。民法478条（受領権者としての外観を有する者に対する弁済）と
同じ基盤に立つ制度である。

【3】　遡求

　例えばAがBに対して振り出した約束手形が，BからCへと裏書された場合，
Cが満期にAに対して支払呈示をしたにもかかわらず，Aが支払をしないとき
には，Cは，裏書人Bの担保責任（手形15条）を追及して，Bに対して支払を請
求することができる。これを手形の遡求という（手形43条以下）。

　遡求に応じて支払を行い，手形を受け戻した裏書人は，さらに自分の前者に
対して遡求することができる（再遡求）。たとえば，上記の例で，さらにCから
Dへ裏書されていた場合，CがDの遡求に応じて支払を行ったとき，CはBに対

▶図表08_8　手形の除権決定

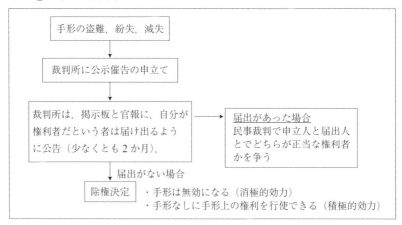

して再遡求できる。なお，Dは，中間の裏書人であるCをとばして，Bに対して遡求してもよい。

　DからC，CからBへというように遡求が行われていくと，法定利息や費用が上乗せされていくため，遡求金額も増大していく（手形48条・49条）。最後は，主たる支払義務者であるAが，その支払をしなければならない。

【4】　除権決定

　手形を盗まれたりなくしたとき，もとの所持人は，まだ権利者であることに変わりはない。しかし，そのままでは誰かに手形を善意取得されて，権利を行使できなくなってしまうかもしれない。また，手形が燃えて滅失したような場合は，善意取得されることはないが，紙（手形）がないので権利を行使できないことに変わりはない。そこで，手形の盗難，紛失，滅失が起こったときに，裁判所によってその手形を無効とする手続が必要になる。これを除権決定という（▶図表08_8参照）。

　まず，もとの所持人は，支払地の裁判所に公示催告の申立てを行う。どこかに手形を取得した者がいるなら，一定の期間内に届け出るよう，裁判所の掲示板と官報で公示するのである。この期間内に届出がなければ，裁判所によって除権決定がなされる。これにより，申し立てられた手形は無効になる。もとの所持人は，手形なしに権利を行使できるようになる。

‣§*4*__ 電子記録債権の仕組み

電子記録債権は，債務者が債権者に対して一定金額を支払期日に支払うことを内容とするものであり，また，売買契約によって発生した原因債権（売掛債権）とは別の債権であるから，その点では約束手形に類似している。

他方で，約束手形の場合は，権利内容を記載した紙（券面）を当事者で交付することで権利が発生，譲渡されていくのに対し，電子記録債権は，電子債権記録機関の管理する記録原簿に電子記録がされることで，権利が発生し，譲渡されていく点で異なっている（電子記録債権法2条1項）。発生記録や譲渡記録などの電子記録は，電子記録債権の権利関係に変動があった場合の当事者，つまり原則として電子記録権利者（発生記録における債権者，譲渡記録における譲受人）と電子記録義務者（発生記録における債務者，譲渡記録における譲渡人）の双方が，電子債権記録機関に請求しなければならない（同法4条・5条。なお，支払等記録の例外につき，25条1項）。請求を受けた電子債権記録機関が発生記録や譲渡記録を行うと，約束手形を相手に交付した場合のように，電子記録債権の発生，譲渡といった効力が生ずる（同法15条，17条）。

約束手形に備えられている取引の安全を保護するための制度は，ほぼ同様の形で電子記録債権に採用されている。すなわち，電子記録債権の譲渡記録の請求により電子記録債権の譲受人として記録された者は，悪意または重大な過失がない限り，当該電子記録債権を取得し（電子記録債権の善意取得。電子記録債権法19条），また，電子記録債権の債務者は，当該債権の譲渡があった場合に，譲渡人に対する人的関係に基づく抗弁をもって，債権の譲受人たる債権者に対して対抗することができない（人的抗弁の切断。20条1項）。電子記録名義人（債権記録に電子記録債権の債権者として記録されている者）の権利推定（同法9条2項）や支払免責（同法21条）といった制度が認められている点も同様である。なお，紙である約束手形と異なり，電子記録債権は，その一部を分割して譲渡することができるため（同法43条以下），この点で利便性が向上されている。

他方で，約束手形とは異なり，電子記録債権の譲渡人は担保責任（遡求義務）を負うとはされていない。これは，電子記録債権の活用方法としては，約束手形に代替するものに限らず，たとえば親事業者・下請業者・金融業者間の一括決済など，様々な活用方法が考えられるため，譲渡人が担保責任を負うことを

原則とまでする必要はないと考えられたためである。しかし，電子記録債権を譲渡するにあたり，譲渡人が支払を担保する必要が出てくる場合もあるため，電子記録債権でも，手形保証と同じく，電子記録保証ができるようになっている（同法31条以下）。

　電子記録債権の支払は，手形・小切手と同じく，銀行口座を利用して行われることが予定されている（同法62条）。電子記録債権を利用するには，銀行の審査を受け，利用契約を締結する必要がある点や，不渡りによる銀行取引停止処分と類似した，支払不能による支払不能処分制度が運営されている点でも変わらない。もっとも，手形・小切手のように取立てや手形交換が行われることはない。支払期日に銀行が債務者の口座から債権者の口座に送金することで支払がされ，銀行から通知を受けた電子債権記録機関によって当該支払について支払等記録が行われる（同法63条）。

　なお，電子記録債権は，電子債権記録機関で管理される電子データであるから，手形・小切手のように当事者が紛失してしまうということはない。しかし，債権記録が滅失するような事態は起こり得るし，いったん債権記録が滅失してしまうと，電子記録債権の行使や譲渡ができなくなり，関係者に重大な不利益を及ぼすおそれがある。そこで，電子債権記録機関が適切に債権記録を管理し，債権記録が滅失するような事態を可能な限り防ぐため，電子債権記録機関は専業制とされ，また，主務大臣の指定を受けるための要件（一定の財産的基盤や業務遂行能力を有することなど）を満たす必要があり，かつ，主務大臣の指定後も監督官庁の監督を受けるものとされている（同法51条以下）。

09章__ 会社と会計・税務

　株式会社は利益追求を目的とする営利法人である。その利益を基準とした所得を課税対象として税負担を求めるのが法人税である。今日の株式会社にとって，法人税の税負担は決して少なくなく，税負担を考慮せずに最適な事業活動は行えない。したがって，法人税がどのような計算過程によって算出され，どの程度の税負担になるかは重大な関心事項である。

　また，国税の多くは申告納税方式が採用されている。法人税においても，株式会社を含む法人は，法人税法に規定されている所得金額の計算ルールに従って，自ら算出した所得金額および法人税額等を記載した確定申告書を所定の申告期限までに所轄税務署長に提出しなければならない。

　本章では，会社法の規定とは少し離れるが，株式会社を念頭に置いて，会社法とも密接に関連する法人税法の所得金額の計算規定を中心に概説する。

▶§1__ 法人税の性質，納税義務者と課税所得の範囲・税率

▶▶1　法人税の性質

　法人税とは，個人の所得に課税される所得税と同様に，法人の各事業年度の所得について課税される租税である（法税5条・9条参照）。

　その法人税の性質については，法人擬制説と法人実在説の2つの考え方がある。法人擬制説とは，租税は究極的には個人が負担するものであるから，法人は個人株主によって作られたものにすぎず，法人税は個人所得税の前取りと捉える考え方である。これによれば，法人の所得に対して法人税を課し，さらに配当時に個人株主の配当所得に対して所得税を課すことは二重課税となる。一方，法人実在説とは，法人は個人株主とは独立した存在で，法人の担税力に着目して課される独自の租税とする考え方である。これによれば，法人税と所得

税の二重課税という問題はないことになる。

　現在の法人税法は，シャウプ勧告（昭和24〔1949〕年）が採用した法人擬制説を基礎にしているが，幾度の税制改正を経て，いずれか一方の考え方で説明をすることは難しいともいわれている。

▶▶2　法人税の納税義務者と課税所得の範囲・税率

　法人税の納税義務者は主に法人であるが，株式会社に限られない。そして，法人税の課税対象の範囲と適用税率の関係上，いくつかに区分されている。

　まず，本店または主たる事務所を日本国内に有するか国外に有するかで，内国法人と外国法人に分けられる（法税2条3号・4号）。外国法人は日本国内に源泉のある所得（国内源泉所得）のみ法人税の納税義務を負う（法税9条）のに対して，内国法人はその源泉が国内か国外かを問わず，全世界所得について納税義務を負う（法税5条）。

　さらに内国法人は，公共法人，公益法人等，協同組合等，人格のない社団等，普通法人などに区分され，その概要は次のとおりである。

【1】　公共法人

　公共法人とは，法人税法別表第一に掲げられている法人（法税2条5号）で，地方公共団体やNHKなどが該当する。その活動は公共的性格が強いことから，法人税の納税義務が免除されている（法税4条1項但書）。

【2】　公益法人等

　公益法人等とは，法人税法別表第二に掲げられている法人（法税2条6号）で，宗教法人や学校法人などが該当する。これらの法人は基本的には公益を目的とする法人であることから，収益事業を行う場合のみ法人税の納税義務を負い，収益事業から生じた所得以外の所得については法人税が課されない（法税7条）。これを収益事業課税といい，その収益事業から生じた所得には原則として軽減税率（19％）が適用される（法税66条3項）。この収益事業とは，販売業，製造業その他の政令で定める事業で，継続して事業場を設けて行われるもの（法税2条13号）をいい，政令では物品販売業をはじめ34種の事業を列挙している（法税令5条1項）。

【3】　人格のない社団等

　人格のない社団等とは，法人でない社団または財団で代表者または管理人の定めがあるもの（法税2条8号）をいい，PTAなどが該当する。人格のない社団

等は「法人」ではないが，法人税法上「法人」とみなされ（法税3条），法人税の納税義務を負う（法税4条1項）。課税の対象とされるのは，公益法人等と同様，収益事業から生じた所得のみである（法税4条1項但書）が，原則として基本税率（23.2％）が適用される（法税66条1項）。

【4】 協同組合等

協同組合等とは，法人税法別表第三に掲げられている法人（法税2条7号）で，農業協同組合や漁業協同組合などが該当する。その活動は組合員の共同の利益の増進を目的とするものであるから，そのすべての所得に対して法人税の納税義務を負う（法税4条1項）ものの，公益法人等の場合と同様，原則として軽減税率（19％）が適用される（法税66条3項）。

【5】 普通法人

普通法人とは，公共法人，公益法人等，協同組合等以外の法人をいい，人格のない社団等は含まれない（法税2条9号）。株式会社等の営利法人がこれに該当する。「国税庁統計年報」〔平成30年度版〕によれば，内国法人約280万社のうち，普通法人が約270万社を占めており，法人税の納税義務者の多くが普通法人であることがわかる。普通法人はすべての所得を対象に課税され（法税5条），法人税の納税義務を負う（法税4条1項）。税率は原則として基本税率（23.2％）が適用される（法税66条1項）。

なお，各事業年度の終了の時において資本金の額が1億円以下のものには，各事業年度の所得の金額のうち年800万円以下の金額について軽減税率（19％）が適用される（同条2項）。これは，いわゆる中小企業等に対して税負担を軽減する措置である。

▶§2__ 所得金額の計算の基本的構造

▶▶1 総説

法人税法は，法人税の課税標準について「各事業年度の所得の金額とする」（法税21条）と規定している。ここで課税標準とは，税額を算出するために，課税物件である物，行為や事実を金額，価額，数量等で表されたものをいい，法人税の課税物件は法人の所得であり，その課税標準は所得の金額である。また，事業年度とは，法人の定款等で定める法人の会計期間をいう（法税13条1項）。

法人の所得は基本的には法人の利益であるところ，法人の利益は企業会計に

おける利益計算，すなわち，一定期間における収益からそれを獲得するための原価や費用等を控除する方法で計算される。法人税の所得の金額も同様の計算構造であり，各事業年度の益金の額から損金の額を控除した金額とされている（法税22条1項）。ただし，企業会計は収益，費用，他方法人税法は「益金の額」，「損金の額」という用語を使用していることから，法人税の所得の金額が，企業会計上の利益と常に等しいわけではなく，企業会計の場合と異なる取扱いがあることに留意する必要がある。

▶▶2　法人税法22条の構造

　法人税法22条は，所得金額の計算の基本規定である。その構造を概観しておくと，同条1項において所得金額の計算方法，すなわち，益金の額から損金の額を控除した金額を規定した上で，同条2項でその「益金の額」の意義，同条3項で「損金の額」の意義をそれぞれ規定している。そして，「別段の定め」があるものを除き，「益金の額」は収益，「損金の額」は原価・費用・損失であるとし，同条4項においてこれらの収益や費用等は，「一般に公正妥当と認められる会計処理の基準」（一般的に，公正処理基準と呼ばれている）に従って計算されるものとされる。同条5項ではこの損益計算から除外される「資本等取引」と呼ばれる会社と株主との取引によるものを規定している。

　このような所得金額の計算規定からは，会社と株主との取引と株主以外の利害関係者との取引を区別し，会社と株主との取引によるものを損益計算から除外した上で，株主以外の利害関係者との取引によるものを益金の額や損金の額に算入して所得金額を算出する。その所得金額の計算要素としての収益や費用等は，原則として公正処理基準に従って計算され，益金の額や損金の額について「別段の定め」がある場合にはそれに従うことになる。

▶▶3　資本等取引

　資本等取引とは，①法人の資本金等の額の増加または減少を生ずる取引，②法人が行う利益または剰余金の分配，③残余財産の分配又は引渡し（法税22条5項）と規定している。①は設立時の出資，増資や減資などで，②は株式会社の剰余金の配当などがこれに当たる。これらはいずれも株主が株主の地位に基づいて法人と行う取引（株主法人間取引）である。

　企業会計は資本取引・損益取引区分の原則（企業会計原則第一・三）を掲げて

おり，企業活動の基本となる資本と経営の成果として生ずる利益は混同しては
ならないとする。法人税法も基本的には同様の立場で，資本等取引によるもの
を益金の額および損金の額から除外している。

▶▶4　別段の定め

　法人税法22条の2以下には，益金の額や損金の額等に関する別段の定めが数
多く規定されている。その類型としては，第1に，公正処理基準の内容を確認
する性質の規定であり，第2に，公正処理基準を前提としながら画一的な基準
を設定する，一定の限度額を設ける，部分的に修正する性質の規定である。さ
らに第3に，経済政策上等の理由から公正処理基準に対する例外を定める性質
の規定もある。

▶§3__　企業会計・会社法との関係

▶▶1　公正処理基準

　法人税法22条4項では，法人の収益や費用等は，「一般に公正妥当と認めら
れる会計処理の基準」に従って計算されるものと規定している。以下において
も公正処理基準と呼ぶ。

　この規定は，昭和42年に法人税法の簡素化の一環として設けられたもので，
当時の税制調査会「税制簡素化についての中間報告」〔昭和41年9月〕や大蔵省
企業会計審議会「税法と企業会計との調整に関する意見書」〔昭和41年10月〕等
を背景とするもので，これらによれば，法人税の所得金額は，原則として企業
会計に準拠して計算されるべきとする企業会計準拠主義と法人の自主的経理の
尊重とがうかがえる。

　また，会社法によれば，「株式会社の会計は，一般に公正妥当と認められる
企業会計の慣行に従うものとする」（会社431条）とされ，貸借対照表や損益計
算書等の計算書類を作成し（会社435条），株主総会の承認を受けなければなら
ない（会社438条2項）。これを前提として，法人税法はその「確定した決算」に
基づき申告書を提出しなければならない（法税74条1項）としている。これを確
定決算主義という。

　このような関係からみると，まず基底に企業会計があり，その上にそれを基
礎とした会社法の会計規定（会社法会計）があり，さらにその上に，法人税の

所得金額計算規定（租税会計）があるので，「会計の三重構造」と呼ばれたりする。法人税の所得金額の計算は，法人の利益計算と手続を利用することで，法人の利益計算と所得金額計算との二重計算の手間を避けることができるとともに，確定した決算に基づくことによっていわゆる内部取引について客観性を担保することも期待できることになる。

　以上のように，法人税法における所得金額計算規定は，実体的な側面と手続的な側面において企業会計と会社法会計に密接に関わっているといえる。

▶▶2　具体的内容

　公正処理基準の具体的内容について，法人税法は特にその定義規定を置いていないが，企業会計原則，同注解，企業会計基準委員会の会計基準・適用基準等，中小企業の会計に関する指針，会社法や金融商品取引法の計算規定等のほか，確立した会計慣行も広く含まれると解されている。ただし，企業会計原則や確立した会計慣行が網羅的とはいえず，また，企業会計原則の内容や確立した会計慣行が必ず公正妥当であるとは限らない。

　最高裁も「法人税法22条4項は，現に法人のした利益計算が法人税法の企図する公平な所得計算という要請に反するものでない限り，課税所得の計算上もこれを是認するのが相当である」（最判平成5・11・25民集47巻9号5278頁）と判示している。法人のした利益計算を受容するものの，「公平な所得計算という要請に反するものでない限り」との留保が付いていることには留意が必要である。つまり，企業会計とは異なる，いわば法人税法の独自の観点から判断される可能性もあるということである。近年，この公正処理基準を巡ってしばしば租税訴訟が提起されている。例えば，不動産流動化実務指針に基づく処理が公正処理基準に該当しないとされた裁判例（東京高判平成25・7・19訟月60巻5号1138頁）などがある。

　公正処理基準の内容の不明確性は，課税要件法定主義や課税要件明確主義という租税法の基本原則である租税法律主義と密接に関連する問題であり，また，国際会計基準の導入等によって会計基準が変容し，さらに乖離していくならば，今後も公正処理基準に関する租税訴訟は増加するかもしれない。

▶§4 収益および費用の年度帰属

▶▶1 収益の年度帰属

　法人税は，原則として１年の事業年度ごとに所得金額を算定する。したがって，収益や費用等をどの年度に計上すべきかは重要である。その考え方としては，現金主義と発生主義がある。現金主義とは，取引に係る現金の入出金に着目して，収益を現金の収受時，費用等を現金の支出時にそれぞれ計上するものであり，一方，発生主義とは，収益または費用等が何らかの基準に基づき発生した時にそれぞれ計上するものである。今日の経済社会においては，信用取引が支配的であるため，企業会計は発生主義によるものとされている（企業会計原則第二・一）。法人税法も収益および費用等は公正処理基準に従って計算されること（法税22条４項）から発生主義が妥当する。

　最高裁は，同項の解釈として「収益は，その実現があった時，すなわち，その収入すべき権利が確定したときの属する年度の益金に計上すべきものと考えられる」（最判平成５・11・25民集47巻９号5278頁）と判示しており，法人税法は収益の年度帰属として権利確定主義を採用していると理解されている。

　さらに，権利確定の意義については，取引の類型や態様に応じて具体的に適切な基準を設定する必要があるが，例えば，物品販売にあっては従来から，商品の引渡しの日に権利が確定する（引渡基準）などとされている。

　平成30年３月30日に企業会計基準委員会によって「収益認識に関する会計基準」（企業会計基準第29号）が公表されたのを受け，平成30年度税制改正で法人税法22条の２の規定が設けられ，引渡基準等の明文化が図られた。

▶▶2 費用の年度帰属

　費用の計上基準としては，企業会計上，費用収益対応の原則が妥当する。費用収益対応の原則とは，適正な期間損益計算のために収益とそれを生みだす費用は，同一の会計年度に計上されなければならないとする原則である。

　法人税法も公正処理基準により費用収益対応の原則が妥当する。特定の収益との直接的な対応関係が明らかである原価は，収益が発生した事業年度に個別的に対応させる（個別対応）。また，特定の収益との直接的な対応関係が明らかでない販売費や一般管理費等の費用は，それが発生した事業年度に計上し，期

間を通じて間接的に対応させる（期間対応）。

▶§5__ 益金の額の計算

▶▶1　法人税法22条２項の規定

　益金の額について法人税法22条２項は，「益金の額に算入すべき金額は，別段の定めがあるものを除き，資産の販売，有償又は無償による資産の譲渡又は役務の提供，無償による資産の譲受けその他の取引で資本等取引以外のものに係る当該事業年度の収益の額とする」と規定している。「収益」とは企業会計上の用語であり，外部からの経済的価値の流入を意味する。

　法人税法では損益計算書の表示上の区分にかかわらず，益金の額を包括的に構成しており，益金の額に算入されるべき収益として，①資産の販売，②有償または無償による資産の譲渡または役務の提供，③無償による資産の譲受け，④その他の取引で資本等取引以外のものが掲げられている。

　①資産の販売は通常の販売活動等からの収益であって，また，③無償による資産の譲受けは，対価の支払をせずに金銭や資産を譲り受けることにより，その法人の純資産は増加するので収益が生じる。そして，④その他の取引で資本等取引以外のもので，①から③以外のものを広く捉えている。②については，以下，有償取引と無償取引に分けて説明する。

▶▶2　有償取引

　②有償または無償による資産の譲渡また役務の提供は，さらに，ⓐ有償による資産の譲渡，ⓑ有償による役務の提供，ⓒ無償による資産の譲渡，ⓓ無償による役務の提供に分けることができる。ⓐとⓑは，いずれも有償取引であり，資産の譲渡や役務の提供をして対価を得る場合である。例えば，土地を譲渡として売買代金1000万円を得た場合，あるいはサービスを提供して手数料10万円を得た場合，企業会計ではそれぞれ1000万円あるいは10万円の収益となり，法人税法においてもそれぞれ1000万円あるいは10万円が益金の額に算入される。

▶▶3　無償取引

　重要なのは，ⓒ無償による資産の譲渡やⓓ無償による役務の提供に係る収益の額も益金の額に算入されることである。例えば，時価1000万円の土地を他の

法人に無償で贈与した場合や通常10万円に相当するサービスを無償で行った場合などである。資産を譲渡した側または役務を提供した側の法人は，無償，つまり対価を得ていないのであるから，企業会計上の収益は発生しない。しかし，法人税法では経済的価値の流入がなくても，資産の無償譲渡の場合にはその時価相当額が，また，無償の役務の提供の場合には通常得られる収益相当額が，それぞれ益金の額に算入されると理解されており，企業会計と取扱いが大きく異なるのである。最高裁も「法人が資産を他に譲渡する場合には，その譲渡が代金の受入れその他資産の増加を来すべき反対給付を伴わないものであっても，譲渡時における資産の適正な価額に相当する収益があると認識すべきものである」（最判平成7・12・19民集49巻10号3121頁）と判示している。

　この規定は，正常な対価で取引を行った法人との間の負担の公平を維持し，同時に法人間の競争中立性を確保するために，無償取引からも収益が生ずることを擬制した創設的規定とするのが通説であり，適正所得算出説と呼ばれている。

　このような理解の下，平成30年度税制改正により，法人税法22条の2が創設され，資産の販売もしくは譲渡または役務の提供に係る収益の額として益金の額に算入する金額は，その販売もしくは譲渡をした資産の引渡しの時における価額またはその提供をした役務につき通常得べき対価の額に相当する金額とする旨（同条4項）が規定され，法令上明確化された。

▶§6＿　損金の額の計算

▶▶1　法人税法22条3項の規定

　損金の額について法人税法22条3項は，「損金の額に算入すべき金額は，別段の定めがあるものを除き，次に掲げる額とする」とし，①当該事業年度の収益に係る売上原価，完成工事原価その他これらに準ずる原価の額（同項1号），②当該事業年度の販売費，一般管理費その他の費用（償却費以外の費用で当該事業年度終了の日までに債務の確定していないものを除く）の額（同項2号），③当該事業年度の損失の額で資本等取引以外の取引に係るもの（同項3号）を掲げている。損金の額は，原価，費用，損失の3つで構成されており，益金の額からの控除項目として所得金額の大きさを決定づける点で重要である。

▶▶2 原価

　販売目的の商品や製品等を棚卸資産（法税 2 条20号）といい，売上原価とは収益に対応する棚卸資産の仕入れや製造等に要した金額をいう。法人の利益計算においては，収益からまず売上原価が控除される。通常，棚卸資産を仕入れたその事業年度内にすべてが販売できるわけではない。その場合，いわゆる在庫が存在することになるが，その事業年度の売上原価とされるのは，販売された棚卸資産に対応する部分の金額のみとなり，いわゆる在庫に対応する部分の金額は棚卸資産として翌事業年度に繰り越される。つまり，棚卸資産の取得価額を売上原価と棚卸資産とに配分するのである。

　この配分については，事業年度終了の時に在庫として存在する棚卸資産（期末棚卸資産）を評価して，間接的に売上原価を把握する方法が採られている（法税29条1項）。具体的計算過程を示せば，期首棚卸資産の価額と当期仕入の額との合計額から期末棚卸資産の評価額を控除した額が売上原価となる。したがって，期末棚卸資産の評価額の如何が売上原価に影響する。

　そこで，法人税法はこの期末棚卸資産の評価方法について，個別法，先入先出法，総平均法，移動平均法，最終仕入原価法，売価還元法を定めている（法税令28条）。特に広く用いられているのは先入先出法である。これは，最初に仕入れた棚卸資産から順番に販売されていったと擬制して期末棚卸資産の評価を行う方法である。

▶▶3 費用

　法人が事業を遂行するためには売上原価以外にも各種の費用を必要とする。2 号でいう「販売費，一般管理費」は例示で，例えば，広告宣伝費，従業員給料，交通費，水道光熱費等，企業会計上は販売および一般管理業務に関して発生したすべての費用を指す（財務規84条）。法人の利益計算において収益から控除されるのは，売上原価のほかこれらの各種費用である。これらの各種費用は，法人税法上も公正処理基準に従い，原則として損金の額に算入される。

　ただし，同号かっこ書は，償却費以外の費用について「債務の確定」を要求しており，債務確定要件（債務確定基準）と呼ばれている。債務の確定していない費用は，その発生の見込みとその金額が明確でないため，所得金額を恣意的に決定できる可能性がある。したがって，法人税法では，引当金の繰入れ（企業会計原則注解〔注18〕）などはこの債務確定要件によって原則として損金の額

に算入できない。ただし，貸倒引当金繰入額の損金算入が，一定の要件の下，別段の定めによって認められている（法税52条）。

　一方，償却費は債務確定要件から除外されている。固定資産の減価償却費や繰延資産の償却費がこれに該当する。ここでは，固定資産の減価償却費について説明する。

　固定資産（法税2条22号）のうち，使用または時間の経過によって価値の減少するものを減価償却資産といい，建物や機械等の有形減価償却資産と特許権等の無形減価償却資産などがある（法税2条23号,法税令13条）。このような資産は，複数年，長期にわたって収益獲得に貢献するので，費用収益対応の原則からすれば，使用または時間の経過による価値の減少（減価）に対応して，その資産の取得価額をその使用可能期間にわたって徐々に費用計上すべきとなる。減価償却とは，減価償却資産の取得価額を一定の減価償却方法によって各事業年度に配分する手続をいい，各事業年度に配分された金額を減価償却費という。しかし，使用または時間の経過による価値の減少分（減価）を実際に精緻に評価することはできないので，法人税法は一定の会計技術を用いる定額法や定率法等の減価償却方法を定めている（法税令48条1項）。例えば，建物については償却費が毎年同額となるように計算する定額法によることなどである。

　ただし，減価償却に関する規定である法人税法31条1項では，損金の額に算入される金額はその事業年度においてその償却費として損金経理をした金額（損金経理額）のうち「償却限度額」に達するまでの金額と規定されており，法が定めるのはあくまで償却限度額である。また，法人がその確定した決算において費用又は損失として経理することを損金経理（法税2条25号）というが，損金経理要件を課しているのは，減価償却費のような内部取引について，法人の意思表示を確定した決算に係らしめることでその恣意性を排除するためである。

▶▶4　損失

　災害等で建物が滅失した場合などの資産損失や売掛金または貸付金が回収不能となった場合の貸倒損失などの損失額が損金の額に算入される。課税実務における金銭債権の貸倒れの態様には，会社更生法等の規定によって債権が切り捨てられた場合など金銭債権の全部または一部が法律的に消滅した場合や，金銭債権が法的な消滅までは至らないものの，事実上回収不能となった場合など

金銭債権が経済的に消滅した場合等がある（法基通9-6-2）。なお，金銭債権の回収不能の認定において最高裁は，「当該金銭債権の全部が回収不能であることを要」し，「その全額が回収不能であることは客観的に明らかでなければならない」としている（最判平成16・12・24民集58巻9号2637頁）。

▸§7__ 法人税法の「別段の定め」と租税特別措置法による規制

▸▸1　総説

　益金の額および損金の額に算入すべき金額は，別段の定めがある場合にはそれに従う（法税22条2項・3項）。益金の額に関する別段の定めの主なものとしては，①受取配当等の益金不算入（法税23条），②資産の評価益の益金不算入（法税25条）などの規定，また，損金の額に関する別段の定めの主なものとしては，③資産の評価損の損金不算入（法税33条），④役員給与の損金不算入（法税34条），⑤寄附金の損金不算入（法税37条）などの規定が挙げられる。さらに，租税特別措置法による⑥交際費等の損金不算入（租特61条の4）規定などもある。以下ではこれらを順次，概説する。

▸▸2　受取配当等の益金不算入

　株主である法人が受け取る配当金は，企業会計上収益に当たる。しかし，法人税法はこのような受取配当等の額を原則として益金の額に算入しないとしている（法税23条1項）。企業会計上の収益を益金不算入とすることは課税除外（非課税）を意味する。

　法人擬制説的な立場によれば，最終的に租税を負担するとされる個人株主よりも前段階で法人税を課すことは二重課税となりうる。法人株主が存在する場合にはなおさらである。法人株主段階を含めて多段階で課税されることにより，相対的に重い租税負担となる。この規定は二重課税（相対的重課）を排除（軽減）するための非課税（軽減）措置ということになる。

　ただし，法人株主といってもその株式の所有目的等は様々であるから，株式等の保有割合によって益金不算入の割合が決められている。完全子法人株式等（株式等保有割合が100%）と関連法人株式等（株式等保有割合が3分の1超）については益金不算入割合が100%，非支配目的株式等（株式等保有割合が5%以下）については益金不算入割合が20%，その他の株式等（株式等保有割合が5%超3分

の1以下）については益金不算入割合50％となっている。株式等保有割合が小さいほど，益金不算入割合も小さくなる。それは株式を投資対象として保有しているとみて，それほど二重課税を排除（軽減）する必要がないので，課税対象の金額が大きくなるように設定されている。

▶▶3　資産の評価益の益金不算入・資産の評価損の損金不算入

企業会計は，収益の認識基準として実現主義を採っており，未実現収益は原則として当期の損益に計上してはならない（企業会計原則第二・一）とする。法人税法も企業会計と同様，原則として資産の評価益は益金の額に算入しないこととしている（法税25条1項）。

また，貸借対照表の資産の価額について，企業会計では，原則としてその資産の取得価額を基礎として計上しなければならない（同第三・五）とし，取得原価主義を採っている。法人税法も同様に原則として資産の評価損は損金の額に算入しない（法税33条1項）。

仮に，資産の評価益や評価損を益金の額または損金の額に算入できるとすると，その資産の価値を評価する必要があり，また，恣意的な評価によって法人税の所得金額が操作される可能性もある。

▶▶4　役員給与の損金不算入

役員のいない株式会社は存在しない。法人税法上の「役員」とは，法人の取締役，執行役，会計参与，監査役，理事，監事，清算人，これら以外の者で法人の経営に従事している者のうち政令で定めるもの（法税2条15号，法税令7条）をいう。役員も使用人と同様，自らの労務を提供してその対価として役員報酬や役員賞与等を得るのが通常である。したがって，法人が支給する役員に対する報酬や使用人に対する給与は，企業会計上費用となる。

しかし，法人とその役員との関係は，使用人との雇用契約とは異なる特殊な関係（委任類似の関係といわれている）にあることから，法人税法では，役員に対する報酬等の給与について使用人とは異なる取扱いがなされている。

【1】　定期同額給与，事前確定届出給与，業績連動給与，これら3つ以外の役員給与

①定期同額給与，②事前確定届出給与，③業績連動給与に該当しない給与は損金の額に算入されない（法税34条1項）。

まず，①定期同額給与とは，その支給時期が1か月以下の期間ごとである給

与で，その事業年度の各支給時期における支給額が同額であるもの等（同項1号）をいう。いわゆる役員報酬に相当するものである。

つぎに，②事前確定届出給与とは，その役員の職務につき所定の時期に確定した額の金銭を交付する旨の定め等に基づいて支給する給与で，定期同額給与及び業績連動給与のいずれにも該当しないもの（同項2号）をいい，株主総会によって決議をした日等から1か月を経過する日までに納税地の所轄税務署長にその定めの内容に関する届出をする必要がある。

最後の③業績連動給与とは，その業務執行役員に対して支給する業績連動給与で，算定の方法がその給与に係る職務を執行する期間の開始の日以後に終了する事業年度の利益の状況を示す指標を基礎とした客観的なもので，一定の要件を満たすもの（同項3号）とされる。

【2】　不相当に高額な役員給与

上記の定期同額給与等は，職務執行の対価の性質を有しているとして損金の額に算入されるのであるが，たとえ，定期同額給与等に該当するとしても，役員給与のうち不相当に高額な部分として政令で定める金額は損金の額に算入されない（同条2項）。政令が定める「不相当に高額な部分の金額」とは，実質基準により算出された金額と形式基準により算出された金額のうちいずれか多い金額である（法税令70条1号）。実質基準とは，その役員に対して支給した給与の額が，その役員の職務の内容，その支給の状況，その内国法人と同種の事業を営む法人でその事業規模が類似するものの役員に対する給与の支給の状況等に照らし，その役員の職務に対する対価として相当であると認められる金額を超える部分の金額（同号イ）をいい，形式基準とは，定款の規定または株主総会等の決議により役員に対する給与として支給することができる金銭の額の限度額等を超える部分の金額（同号ロ）をいう。

なお，この「不相当に高額」という文言（不確定概念の使用）と憲法84条の租税法律主義（課税要件明確主義）との関係が問題となるが，最高裁は憲法84条違反の主張を退けている（最判平成9・3・25税資222号1226頁）。

【3】　隠蔽仮装された役員給与

また，隠蔽仮装された役員給与も損金の額に算入しない（同条3項）としている。これは，例えば，売上除外の事実を隠蔽または仮装して経理がなされ，それを役員給与としていた場合，売上から除外された金額は当然に益金の額に算入しなければならないが，同時に役員給与として同額が損金の額に算入され

★Topic__13　役員報酬と税金

　法人税法は，従前，役員報酬と役員賞与を区別して，役員報酬については原則として損金の額に算入する一方で，役員賞与は昭和40年全文改正から平成18年度税制改正前まで長らく損金の額に算入してこなかった（平成18年度税制改正前の35条1項）。それは，わが国の商法や企業会計が役員賞与は利益の処分であると考えられてきたことによる（旧商法281条・283条等参照）。利益の処分は法人税法上資本等取引に該当するため損金の額に算入できない。そうすると，同一の役員に対して，役員賞与を減額して役員報酬を増加させることにより，法人税の税負担を軽減させることが可能となる。つまり，いわゆる「隠れた利益処分」が損金の額に算入できることになる。そこで，役員報酬のうち不相当に高額な部分について損金算入を制限する規定を設けてこれに対処してきた。

　しかし，会社法の制定に伴い，役員賞与も職務執行の対価としての性質を有する限り，役員報酬と同様の規制に服することとされ（会社361条），企業会計上も発生した期間の費用として計上されることになった（「役員給与に関する会計基準」）。役員給与についてはお手盛り的な支給の懸念から，会社法制上も特段の手続的規制がなされたものの，法人税法の観点からは，法人段階での費用として損金算入を容易に認め，結果として法人の税負担の減少を容認することは，課税の公平の観点からなおも問題と考えられた（財務省大臣官房文書課『ファイナンス別冊平成18年度税制改正の解説』大蔵財務協会・2006参照）。

　そこで，平成18年度税制改正において，従来の役員賞与や役員報酬などを一括して「役員給与」と規定し，役員給与に関する損金不算入のルールが導入されたのである（法税34条）。法人税法の役員給与の取扱いについては，国税庁が公表しているQ＆Aが参考となる。

　「役員給与に関するQ＆A」（平成20年12月，平成24年4月改訂）国税庁ウェブサイトhttps://www.nta.go.jp/law/joho-zeikaishaku/hojin/qa.pdf

　なお，本文では，役員本人の給与に係る規制のみを取り上げたが，役員本人の役員給与について損金算入が制限されるならば，役員と特殊関係にある使用人に対して過大な給与を支給するかもしれない。そこで，法人税法は，これらの者に対して支給される給与のうち不相当に高額な部分の金額を損金の額に算入しない（法税36条）ことでさらに規制を広げている。

【中野浩幸】

るのであれば，差し引きとしての所得金額に影響はなく，脱税額も算出されないということになる。同項は隠蔽仮装された役員給与を損金不算入とすることで，立法的に対処している。このような不正な役員給与の損金性を否定する背後には，公序の理論があるといわれている。

▶▶**5**　寄附金の損金不算入

　国または地方公共団体に対する寄附金や一定の公益社団法人等で財務大臣の指定による寄附金などは，その全額が損金の額に算入される（法税37条3項）。

　しかし，同条7項は，寄附金を「寄附金，拠出金，見舞金その他いずれの名義をもってするかを問わず，金銭その他の資産または経済的利益の贈与または無償の供与」と定義しており，通常の意味における寄附金よりも広い概念で，対価性のない支出が広く含まれる。株式会社は利益を追求する営利法人であるから，ある法人が行った対価性のない支出のうちどれだけが費用の性質をもち，どれだけが利益処分の性質をもつかを客観的に判定することは困難である。

　そこで，法人税法は，寄附金の額の合計額のうち，その事業年度終了の時の資本金等の額とその事業年度の所得の金額を基礎として算定する一定の損金算入限度額を設定し，それを超える部分の金額は損金の額に算入しない（同条1項）こととしている。裁判所も，「行政的便宜および公平の維持の観点から，一種の擬制として統一的な損金算入限度額を設け，その範囲内の金額には当然に費用性があるものとして損金算入を認め，それを超える部分については，仮に何らかの事業関連性があるとしても，損金算入を認めないものと解すべき」（福岡高判平成14・12・20税資252号順号9251）と判示している。

▶▶**6**　交際費等の損金不算入

　ここでは，租税特別措置法による規制として，交際費等の損金不算入（租特61条の4）規定のみ取り上げる。租税特別措置法は租税政策以外の経済政策等を目的として，法人税のほか各種租税に関する特別措置を定めた法律である。法人税法と租税特別措置法との関係は，いわゆる一般法と特別法の関係にあり，租税特別措置法の規定は法人税法の規定に優先して適用される。つまり，交際費は企業会計上費用であるから，法人税法本法では損金の額に算入される（法税22条3項2号・4項）べきものであるが，租税特別措置法の規定によってこれを損金不算入とし，その内容を修正している。この規定の趣旨は，法人の冗費

や濫費を抑制し，それによって資本の蓄積を促進させるという政策目的である
といわれている。

　なお，同条4項は，交際費等を「交際費，接待費，機密費その他の費用で，
法人が，その得意先，仕入先その他事業に関係のある者等に対する接待，供応，
慰安,贈答その他これらに類する行為のために支出するもの」と定義しており，
その範囲は相当程度広い。遊園施設の運営事業を行う法人がマスコミ関係者等
に無償交付した優待入場券に係る費用が交際費に当たるとされた裁判例（東京
高判平成22・3・24訟月58巻2号346頁）などがある。

▸§8__　法人税の申告と納税

▸▸1　税務調整

　これまでみてきた所得金額の計算の諸規定に基づき算出された課税標準に対
して所定の税率を乗じて法人税額を算定する。法人税の申告書では，確定した
会社法上の企業利益を基礎として，これに別段の定め等の規定による益金・損
金の算入額または不算入額を加算・減算した金額を法人税の所得金額とする。
これを一般に税務調整と呼んでいる。

▸▸2　確定申告書の提出期限（原則）

　内国法人は，各事業年度終了の日の翌日から2か月以内に，税務署長に対し，
確定した決算に基づき，その事業年度の所得の金額や法人税の額等を記載した
申告書（確定申告書）を提出しなければならない（法税74条1項）。また，その申
告書の提出期限までに法人税額も納付しなければならない（法税77条）。

▸▸3　確定申告書の提出期限の延長（特例）

　会社法上，株主の権利行使の基準日を定めた場合にはその基準日から3か月
以内に定時株主総会を開催することになっている（会社124条2項，296条1項）。
定款等の定めがあることにより，各事業年度終了の日の翌日から2か月以内に
その各事業年度の決算についての定時総会が招集されない常況にあると認めら
れる場合には，法人の申請に基づき，申告書の提出期限を1か月延長すること
が認められる（法税75条の2第1項）。

　また，会計監査人を置いている場合で，かつ，定款等の定めにより各事業年

★Topic＿14　申告納税制度と税務の専門家──税理士

　申告納税制度の下では，原則として，納付すべき税額は納税者のする申告により確定する（税通16条）。正当な理由なく法定申告期限までに適正な申告が履行されない場合には，特別の経済的負担が課せられる。これによって申告納税制度の適正化を図ることとしている。

　具体的には，期限内申告が過少であった場合には過少申告加算税（基準となる税額の10％），期限内申告書の提出がなかった場合には無申告加算税（基準となる税額の15％）がそれぞれ課され（税通65条・66条），また，その過少申告や無申告が基礎となる事実の隠蔽または仮装したところに基づく場合には重加算税（基準となる税額の35％または40％）という重い負担が課される（税通68条）。さらに，法定納期限後の納付には，私法上の遅延利息に相当する延滞税（未納税額に年14.6％）が課される（税通60条）。

　当然，適正な申告および納付義務を果たす必要があるが，この**09**章で法人税法の規定を概観したとおり，現行の租税法規はかなり複雑なものとなっている。

　そこで，重要な役割を果たすのが「税理士」である。「税理士は，税務に関する専門家として，独立した公正な立場において，申告納税制度の理念にそって，納税義務者の信頼にこたえ，租税に関する法令に規定された納税義務の適正な実現を図ることを使命」（税理士1条）としている。税理士業務としては，①税務代理，②税務書類の作成，③税務相談があり，また，付随業務として，財務書類の作成や会計帳簿の記帳の代行その他財務に関する事務も行う（税理士2条）。このように税理士は会社の税務および会計関係を担う専門職であり，納税者を支援する。

　なお，税理士の資格を有するためには，税理士試験に合格する必要がある（税理士制度の詳細は国税庁ウェブサイトを参照）。

【中野浩幸】

度終了の日の翌日から3か月以内に決算についての定時総会が招集されない常況にあると認められる場合には，その定めの内容を勘案して4か月を超えない範囲内において税務署長が指定する月数の期間まで申告書の提出期限の延長が認められる（同項1号）。

10章 会社の倒産とその処理

▶§1 倒産とは

　製造業の会社で，商品の売上げが落ちて，原材料の購入費や人件費などの支出を上回ると，会社は赤字だといわれる。しかし，赤字会社＝倒産会社ではない。

　赤字会社とはいっても，人員の整理によって人件費を節約し，原材料の購入先を変更することで生産コストを下げるとともに，金融機関に借入金の弁済の繰り延べや追加融資を求めるなどして事業を再建できる可能性がある。

　しかし，会社の自助努力にも限界があり，頼りにしていた銀行にも融資を断られると，会社の運転資金もなくなり，社員の給料を支払うこともできず，原材料の購入先など取引先に対する債務の支払ができなくなる。このような状況に陥った会社は，倒産状態にあるといえる。

　これまで，多くの企業では，その活動に銀行の当座預金残高を引き当てとして振り出される手形・小切手を用いた信用取引が不可欠であった（製造業の会社が，振り出した手形・小切手によって購入した原材料を用いて製品を作成し，その商品を売却した代金で手形・小切手の支払を行う）。そこで，帝国データバンクや東京商工リサーチなどの企業信用調査機関の企業倒産に関する統計では，とりわけ中小企業については，会社が支払のために振り出した手形・小切手が不渡りとなること（支払のために手形交換所で呈示された手形・小切手が，振出人の当座預金の残高不足などの理由で支払を拒絶されたこと）が6か月間に2度発生し，会社が銀行取引停止処分（当座取引や貸出を2年間停止する処分）を受けたことが，倒産の指標とされてきた。最近では紙の手形・小切手に代わって，電子債権決済が用いられることが増えてきたので，6か月間に2度の電子決済不能が生じた場合にも銀行取引停止処分を受け，それも倒産の指標になっている。

▸§2__ 倒産の利害関係者

　会社に利害関係を持つ者として，会社の経営者・従業員，取引先の企業・銀行などの金融機関，株式会社であれば株主などがいる。これらの利害関係者には，会社の倒産は大きな関心事である。経営者にとっては，自分の会社を立て直すことができるかどうかが，従業員には未払いの給料を払ってもらえるのか，仕事を失って生活の糧がなくなるのではないかは大問題である。取引先の企業は，会社との取引ができなくなるのではないか，売掛金の支払がどうなるのか，金融機関は融資が回収できるのかを心配する。さらに，株主は，自分の持っている株が単なる紙切れになるのではないか，と頭を抱えることになる。

▸§3__ 倒産処理の手続

　倒産状態になった会社がたどる運命はさまざまであるが，大きく分けると，会社が立ち直ること（再建・再生）ができる場合と清算されて消滅する場合とがある。会社の利害関係者の多くは，会社の立ち直り（再建・再生）を望むので，会社が倒産状態になった場合には，まず，再建の途を探り，それが難しい場合に清算・解散の手続を選ぶことが多い。
　清算型の手続として法律が用意しているのは，破産手続（破産法）と特別清算手続（会社510条～574条・879条～902条），再建型の手続としては，民事再生手続（民事再生法）と会社更生手続（会社更生法）であるが，それ以外に，法律によらない私的整理と呼ばれる手続がある（法律による倒産処理を「法的整理」と呼ぶのに対し，法律によらない倒産処理を「任意整理」と呼び，再建型の任意整理を「私的整理」と呼ぶこともある）。
　帝国データバンクの調べによれば，2020年度の負債総額1000万円以上の倒産件数は7809件（破産7212件，特別清算320件，民事再生274件，会社更生３件）であったが（https://www.tdb.co.jp/tosan/syukei/20nen.html），負債総額1000万円未満の倒産などでは，法律によらない私的整理によって処理される件数も少なくない。
　私的整理には，法律の規定に拘束されないため，状況に応じて柔軟かつ迅速な処理を信用不安のおそれなく秘密裏にできるという利点がある反面，強引な債権者の主導で透明性に欠ける手続が進められて，一部の債権者のみが得をす

る結果になる場合があるなど問題が指摘されている。そこで，最近は，金融機関・産業界の代表，弁護士・学者などから成る研究会が，私的整理の適正化をめざして作成した「私的整理ガイドライン」（大企業・中堅企業を想定）などのルール（準則）に沿った手続，事業再生実務家協会が中立の専門家の介入によって金融機関と倒産会社との利害を調整して融資の円滑化をはかる「事業再生ADR」，中小企業再生支援協議会の支援による手続，裁判所の特定調停を活用する手続などの利用が広がりつつある。

▸§4__ 清算型の手続

▸▸1 破産手続

破産手続は，会社を再建することができない場合に，やむを得ず選ばれる手続である。手続の流れを大まかにいえば，手続開始決定→破産会社の財産および債権者の調査・確定→会社財産の換価→債権者への配当→手続終結決定となる。

【1】 手続開始の申立て

破産手続を始めるためには，原則として，会社の債権者または会社の代表者（株式会社では取締役会決議に基づき代表取締役）の申立てが必要となる（破産18条1項。株式会社では取締役にも申立権がある，破産19条1項2号）。

破産を申し立てる際には，申立書への申立手数料（債権者の場合は2万円，それ以外は千円。民訴費別表第1）相当額の印紙の貼付（民訴費3条1項・8条）と破産手続に要する費用の予納（会社では最低100万円程度）が求められる（破産22条1項）。

債権者による破産手続開始の申立ては，債務の弁済を強制する手段として利用されることもある。

【2】 手続開始決定の要件

手続開始の申立てを受けた裁判所は，会社が「支払不能」すなわち，履行すべき状態にある債務一般について債務の履行ができない状態が継続していると認められる場合に，破産手続の開始決定を行う（破産15条1項）。会社が銀行取引停止処分を受けた場合には「支払停止」があったとして，「支払不能」にあると推定される（同条2項）。また，「債務超過」すなわち，債務が完済できる財産がないときも破産開始決定をすることができる（破産16条1項）。

【3】 手続開始決定前の保全処分

会社が倒産状態にあることが公になると，債権者が我先にと会社の倉庫にある財産を持ち去ったり，会社の社員が財産を隠したりするおそれがある。そこで，裁判所は，破産申立人など利害関係人の申立てまたは職権により，手続開始決定までの間，会社財産の処分を禁じる仮処分などの保全処分を命じることができるほか（破産28条1項），債権者による会社財産に対する強制執行，仮差押え・仮処分，訴訟手続の中止を，状況に応じて個別または包括的に命じることができる（破産24条1項・25条1項）。

【4】　手続開始決定

　裁判所は手続開始決定と同時に，破産管財人（弁護士であることが多い）を選任し，破産会社に対する債権の届出期間，債権者集会の期日，債権の調査期日など手続のスケジュールを決める（破産31条1項）。また，開始決定は，官報で公告され（破産32条1項），住所・氏名が明らかな債権者には個別に通知される（同条3項）。

　破産開始決定後は，会社経営者が管理していた財産のすべてが，破産財団として，裁判所によって選ばれた破産管財人の管理下に移される（破産74条1項・78条1項）。

【5】　破産債権者等の処遇

　破産手続が開始されると，破産会社に対する債権は，原則として破産手続外での行使が許されず（破産100条1項），個別の強制執行や保全処分などは禁止される（破産42条1項）。債権者は，裁判所の指示に従って，債権の届出，調査，債権者集会の開催，確定という段階を経て，各手続に沿った処遇を受けることになる。

　会社の一般の債権者は，会社財産の売却代金から原則として平等に配当を受ける。ただし，会社が消滅して，仕事の場を失う従業員については，解雇予告手当による保護（労基20条2項）を受けるほか，破産手続開始前3か月間の給料（手続終了前に退職した者の退職金については退職前3か月間の給料総額相当額）について，また，手続開始決定後の労働に対する給料については，財団債権として，一般の債権者に優先して支払を受けることができる（破産149条・148条1項2号）。

　破産会社は税金を滞納していることが多いが，破産手続開始決定前の原因に基づく租税債権についても，手続開始決定時に納付期限が到来していない部分と納付期限から1年を経過していない部分については，政策的に財団債権とされ，一般の債権者に優先して弁済を受けることができる（破産148条1項3号）。

会社の主たる財産である不動産は，ほとんどの場合，会社の借入金の担保として抵当権などが設定されている。抵当権者等の担保権者は別除権者として，破産手続とは無関係に担保不動産の売却代金から優先的に弁済を受けることができる（破産2条1項9号・65条1項）。

　ただし，担保権者による権利行使が遅れて破産管財人の財産管理に支障が出る場合には，裁判所の許可を得て管財人が任意の売却によって換価することができる（破産78条2項1号）。担保不動産の財産価値が担保権者の債権額を大きく上回る場合には，その差額を破産財団に組み入れて，債権者への配当の原資とすることが考えられる。この場合には，破産管財人は，担保権消滅請求の制度を利用して，担保権者との協議に基づいて，不動産売却の相手方，売却によって得られる金額，財団組入金の額を裁判所に示して担保権消滅の許可を求め（破産186条1項），裁判所の許可決定に基づいて（破産189条1項）売却代金が納付されると担保権が消滅する（破産190条4項）。また，破産管財人が担保権者との交渉によって財団組入金の額を決めることで，裁判所の許可決定を求めることなく，担保権者との合意で担保権を消滅させることもある。

【6】　破産会社の契約関係

　破産会社が破産手続開始決定前から結んでいる契約関係は，原則として，破産管財人引き継がれ，破産管財人が契約の当事者となる。契約が履行されていない場合には，破産管財人が会社に代わって契約を履行すべき地位に立つ。たとえば，破産手続開始決定前に，会社が原材料の買主として売買契約を締結し，すでに相手方に代金を支払っていた場合，破産管財人は会社に代わって相手方に原材料の引渡しを求めることになる。契約当事者の双方が履行を終えていない場合には，管財人は原材料の引渡請求権を持ち，相手方は代金債権を持つが，会社が破産した以上，相手方は原材料を納入しても，契約通りに代金を支払ってもらえる可能性はない。売買契約が双務契約であることを考えると，これは契約当事者間の公平に反する。このような場合，破産管財人は，契約を履行するか解除するかを選択することができ（破産53条1項），履行を選択した場合には，相手方の債権は財団債権としての保護を受け（破産148条1項7号），解除を選択して双方の債権が消滅する場合には，それによって損害を被った相手方は破産債権者として賠償を請求できる（破産54条1項）。

【7】　現有財団から法定財団へ移行（相殺権・取戻権・否認権）

　破産手続の開始時に破産管財人が管理を始める会社の財産（現有財団）のう

ちには，第三者の権利の目的となるべき財産が含まれている場合があり，逆に，本来は破産財団に帰属すべき財産が第三者のもとにある場合もある。【5】で言及した別除権の行使は前者である。破産会社の債権者による相殺権の行使や第三者の所有権の対象となる財産が破産財団の中にある場合における取戻権の行使も前者にあたる。これに対して，否認権の行使は後者である。

❶　相殺権　　破産会社と取引関係にあるAとが，相互に100万円の債務を負っていて，両債務が相殺できる要件（相殺適状：民505条1項）を充たす場合には，各債務者は相殺権行使の意思表示によって，対当額で債務を消滅させることができる（民506条1項）。相手方が債務を弁済する資力がない場合でも，相殺によって自己の債権について弁済を受けることができるので，相殺は自己の債権に担保が付けられているのと同じ状態であるという意味で，相殺には担保的効力があるといわれる。上記の例では，破産手続の開始前から相殺適状にある債権を持っているAは，取引の相手方が破産して無資力になっても，相殺によって，自己の債権を確実に回収することができる（破産67条1項）。

　これに対して，取引相手である会社が倒産状態になったことを知った後にAが破産会社に対して負った100万円の債務について，Aによる相殺を認めることは，相手方が倒産状態になったことで相手方から100万円の弁済を受けることが期待できないAに，破産会社に対して債権を有する他の債権者に優先した弁済を受けることを認めることになり，債権者間の公平に反する結果になる。そこで，破産法はこのような状況での相殺を禁止している（破産71条1項）。

❷　取戻権　　破産手続の開始時に破産会社が管理する財産の中に第三者の所有物があった場合には，所有者である第三者はその物を取り戻すことができる（破産62条）。破産手続開始前に破産会社が取戻権の目的物を別の第三者に譲り渡していた場合には，第三者に即時取得（民192条）が認められると，取戻権者は目的物を取り戻すことができないが，破産法は，そのような場合でも，破産会社が譲渡に伴う反対給付の請求権（売買による譲渡であれば，代金債権）または反対給付として受領した物（代金など）を有しているときには，取戻権者は，当該請求権または受領した物を代償物として自分に移転するように求めることができるとしている（破産64条）。

❸　否認権　　本来は破産財団の中にあるべき財産が第三者のもとにある場合には，破産管財人は否認権の行使によって当該財産を破産財団に取り戻すことができる（破産160条〜176条）。否認権が認められるためには，破産財団の中

にあるべき財産が第三者のもとにあることで，破産財団からの弁済を期待する一般の破産債権者の利益が侵害されていることが必要である。もっとも，第三者が破産債権者の利益を害することを知らずに財産権の移転を受けたような場合に否認権の行使を認めると，第三者の利益（取引の安全）を不当に害するおそれがあり，配慮が必要である。

　否認権行使の対象となる行為として，❶破産会社が倒産状態にあることを知っている第三者に自己の不動産を不当な安価で売却するなど，破産債権者を害する行為（詐害行為）（破産160条），❷破産会社が一部の債権者だけに弁済や担保の提供をするなど，債権者平等原則に反する偏頗行為（破産162条）などがある。

【8】　破産財団の管理・換価と配当

　破産管財人は，善良な管理者としての注意をもって（破産85条1項），破産財団に属する財産を適切に管理しなければならない（破産78条1項）。破産管財人はそのために破産会社の取締役・監査役等に説明を求め，必要があれば，会社役員の責任追及のために損害賠償請求権の査定の裁判をする（破産178条1項）。破産管財人による破産会社の財産状況の把握を助けるため，破産会社に宛てた郵便物を破産管財人に配達すべき旨の嘱託が裁判所から日本郵便（郵便事業株式会社）に対してされる（破産81条1項）。

　破産管財人は，破産財団に属する財産についての調査を終えると，各財産を換価（金銭化）しなければならない。換価の方法について，法律は強制執行の手続によるものとしているが（破産184条1項），実務では，不動産については，適切な価格で効率的に換価するために裁判所の許可を得て（破産78条2項1号），不動産会社などを利用した任意売却によって換価される。

　破産財団に属する財産の換価ができると，売却で得られた金銭（配当財団）について債権者に対する配当が実施される。破産債権者は，破産債権の種類に応じた優先順位に従い，同一順位の債権については債権額の割合に応じて配当を受ける（破産194条）。ただし，担保権を持たない債権者が破産手続で配当として受け取ることができるのは，債権額の5〜10％にすぎないことも少なくないといわれている。

【9】　破産手続の終了

　配当の手続が終わると，破産管財人は裁判所に計算報告書を提出し（破産88条1項），計算報告のための債権者集会を終えた後に（破産88条3項），裁判所が破産手続終結の決定をし（破産220条1項），その内容を公告するとともに破産会

社に通知する（同条2項）。

　これに対し，破産手続に必要な費用を支払うことができる財産が破産財団にないことが明らかな場合には，裁判所は，破産手続の廃止決定をしなければならない。それが破産手続開始時に明らかな場合には，開始決定と同時に廃止決定をするが（同時廃止：破産216条1項），破産手続の途中で明らかになった場合には，裁判所は債権者集会等で破産債権者の意見を聴いた上で，破産手続廃止の決定をする（異時廃止：破産217条1項）。

▶▶2　特別清算（会社法）

　倒産会社の清算型の処理手続として，破産手続以外に，会社法上の特別清算手続がある。これは，すでに清算手続が始まっている株式会社について，債務超過の疑いがある場合に行われる手続である（会社510条2号）。清算手続を行ってきた清算人は，裁判所の指揮の下で（会社552条1項）債権者集会を開いて，会社の資産の処分と債権者に対する配分に関する会社・債権者間の協定について可決を得た上で（会社567条1項），裁判所の認可を受けることによって協定を確定する。協定が可決・認可されない場合または認可された協定が実行できる見込みがないときは，裁判所は職権で破産手続の開始決定を行う（会社574条1項・2項）。

　実際には，特別清算は，親会社が子会社などの清算手続でいわゆる貸し倒れ債権について税法上の損金処理を認めてもらうために利用されることもあり，この場合には，清算人が協定案を作成して，債権者の同意を得た上で特別清算の手続を申し立てて，債権者集会を開催せず，協議案について持ち回り決議をすることも多いようである。

▶§5__　再建型の手続

　倒産会社の再建を目的とする手続で，法律に基づくものは，民事再生手続と会社更生手続である。会社の財産を換価することで，会社経営者・従業員を犠牲にして債権者への債務の弁済をはかる清算型の倒産処理と異なり，再建型の手続では，会社を再建することで，従業員の地位や取引関係者の利益を保護しつつ，債権者にも満足を与えることができる。

▸▸1　民事再生手続

【1】　DIP型の再生手続

　民事再生手続は，会社更生手続と同様，会社の再建をめざす手続であるが，原則として会社の経営権を従前の経営者に残したままで再建を図る点で（民再38条1項），経営者が地位を失う会社更生手続とは異なる（民事再生手続が導入された当初は，「そごう」や「青木建設」など本来は会社更生手続を選択すべき大企業で，この点に魅力を感じた経営者が民事再生を申し立てる事例が多く見られた）。債務者が倒産会社を掌握したままで手続が行われるという意味で，DIP（Debtor in Possession）型の手続と呼ばれることがある。

　大正時代からあった「和議」に代えて1999年に設けられた手続であるが，このような手続が設けられた背景には，経営権を失うのを恐れる経営者が会社更生手続の利用をためらうために，再建手続の開始が遅れて，本来ならば再建可能な会社の再建ができないという事情もあったといわれている。しかし，経営者に再建手続を遂行する能力がない場合には，民事再生手続でも裁判所が，管財人を選任して会社の業務および財産を管理させる管理命令が認められている（民再64条1項）。

【2】　手続の開始

　民事再生手続が開始されるのは，①破産手続の開始原因となる事実が生じるおそれがあるときと，②弁済期が到来した債務を弁済すると事業の継続に著しい支障が生じるときである（民再21条1項）。①は，破産を選ぶしかないほど経営状態が悪化してから手続を始めたのでは会社の再建は難しいという趣旨，②は，事業の継続が難しくなる前に再生手続を開始すべきという趣旨で設けられた開始要件である。

　民事再生手続の開始要件の存在が認められると，裁判所が手続開始の決定をする（民再33条1項）。手続開始決定があると，会社は債務の弁済を禁止され，債権者の権利は再生計画の定めに従った処遇を受けることになる（民再85条1項）。ただし，再生債務者となった会社を主要な取引先とする中小企業が，債務の弁済を受けなければ事業の継続が著しく困難になる場合，また，商取引債務など少額の債務で事業継続のために早期の弁済を要する場合には，裁判所は必要な範囲で弁済を許可することができる（同条2項・5項）。

【3】　担保権者の処遇

　担保権を有する債権者は，別除権者として再生手続外での権利行使が認めら

★Topic_15　中小企業再生のための準則型私的整理手続

　倒産企業のほとんどは，中小企業である。資金繰りが苦しくなった中小企業の経営者が企業再生のために利用できる手続として，中小企業再生支援協議会（産業活力の再生及び産業活動の革新に関する特別措置法：産活法）の手続がある。ここでは，協議会に常駐する事業再生の専門家が，経営者と面談して経営上の問題点を分析し，問題解決のための助言をするほか，中小企業支援センターなど事業再生の支援機関を紹介している。さらに，協議会が，その企業の事業に収益性があり，再生が可能と判断する場合には，中小企業診断士や弁護士などから成るチームによる支援の下で事業再生計画を策定し，金融機関との調整を行ってもらうことができる。金融機関が事業再生計画に基づいて債権を放棄する場合には，無税償却ができ，企業の債務免除益に課税されることもない。

　ただし，中小企業再生支援協議会の手続を含め，再建型の私的整理の手続では，一般に，事業再生計画を策定するためには，関係するすべての金融機関の同意が必要となる。

　この点で，裁判所で行われる民事調停の特例である特定調停（特定債務者等の調整の促進のための特定調停に関する法律）を利用する特定調停スキームが魅力的である。これも，基金繰りに行き詰まった中小企業が，取引関係にある債権者に知られず，企業の信用の低下を避けつつ，安価な費用で企業再生を図ることができる手続である。この手続でも，企業再生計画を成立させるためには，関係するすべての金融機関の同意が必要となるが，弁護士が代理人となり，調停申立ての前から公認会計士・税理士などと連携して，企業の財務状況や事業内容を調査した上で再生計画を作成し，これに基づいて金融機関と交渉し，さらに公認会計士など企業再生に通じた専門家を調停委員に選任することで（特定調停8条），金融機関の同意を得やすい再生計画・調停案を作成できる手続となっている。

【田邊　誠】

れるが（民再53条1項・2項），会社の再建に不可欠な財産を目的とする担保権など，自由な行使を認めると再生計画の実現の妨げとなり債権者一般の利益に反する場合には，裁判所は行使の一時中止を命じることができる（民再31条1項）。実務では，3か月程度の中止命令を受け，会社と担保権者との間で被担保債権を分割弁済して担保目的物を受け戻す別除権協定の交渉が行われる。また，会社が資金の提供を受けることができる場合には，担保権消滅請求の制度を利用し，担保目的物の価額に相当する金銭を裁判所に納付して，担保権の消滅の許可を受けることもできる（民再148条1項）。

【4】 再生計画案の作成・可決・認可

民事再生手続が開始されて，再生債務者となった会社は，再生債権者の権利に変更を加えることによって，会社の再建をめざす再生計画案を作成して（民再154条1項），債権届出期間の満了後に裁判所に提出しなければならない（民再163条1項）。裁判所は再生計画案を再生債権者による決議に付し，可決された場合には，再生計画遂行の見込みなどの要件に問題がなければ，再生計画認可の決定をする（民再174条1項・2項）。

【5】 再生計画の遂行と手続の終了

再生計画認可決定が確定すると，再生計画が効力を生じる（民再176条）。再生計画は，原則として再生債務者によって遂行されるが（民再186条1項），多くの場合，裁判所によって選任された監督委員（弁護士）が再生計画の遂行を監督する（民再186条2項）。この場合には，再生計画の遂行が完了したとき，または再生計画認可決定の確定から3年を経過したときに，再生手続の終結決定がされる（民再188条2項）。これに対して，監督委員等が選任されないときには，再生計画認可決定の確定後ただちに再生手続の終結決定がされるが（民再188条1項），その後，再生計画を遂行できず，再度の倒産を経験する会社もある。

▶▶2　会社更生手続

【1】 手続の特徴

会社更生手続は，会社の倒産が社会的・経済的に大きな影響力を持つ大企業（株式会社に限る）を念頭に置いた手続である（テーマパークのハウステンボス（2003年～2010年），日本航空（2010年），消費者金融の武富士（2010年）など）。

この手続では，会社の経営者は原則として排除され，裁判所によって選任された更生管財人が，会社経営と更生計画の立案と実行を担当する（会更72条4項は，更生計画の遂行を更生会社に委ねて，管財人はその監督の役割を果たすDIP型の会社更生手続も認めているが，情報開示や債権者間の公平性の確保の点で問題があるとの指摘がある）。

会社更生手続の開始申立時に発令される会社財産の保全管理命令で選任された保全管理人（会更30条1項）である弁護士が，更生管財人として，そのまま会社の経営と財産の保全・管理を担当することが多いようであるが，弁護士である法律管財人とは別に，企業再建の役割を担う事業管財人（企業経営の専門家やスポンサー企業の役員）が選任される場合もある。

【2】 債権者の処遇

　会社更生手続では，会社の再建を推し進めるために，破産手続や民事再生手続とは異なり，抵当権など会社財産に対する担保権を有する債権者も，「更生担保権者」として更生手続による規律に服する（会更2条10号・11号）。そのため，会社更生手続では，通常の債権者（更生債権者）だけではなく，更生担保権者・株主など多様な権利者を対象にした再建計画（一般に100％減資と新株発行が定められる）が必要となる。更生計画は，計画による権利内容の変更などの点では，同じ種類の権利者間で平等の扱いをすることが求められるが（会更168条1項），異なる種類の権利者間では，権利の優先順位を考慮した「公正・衡平」な差を設けることが認められている（会更168条3項）。また，破産や民事再生手続の債権者集会にあたる関係人集会での決議では，権利の種類によって分けられた組ごとの決議がされ，可決の要件も組によって異なる（会更196条1項・2項・5項）。

【3】 更生計画案の可決・認可

　更生計画案が関係人集会で可決されると，裁判所は，更生計画案の公正・衡平，遂行可能性などに問題がなければ，更生計画案を認可する（会更199条1項・2項）。更生計画が認可されると，更生管財人は裁判所の監督の下で（会更68条1項）更生計画の遂行にあたる（会更209条1項）。

【4】 再生計画の遂行と手続の終了

　更生計画の遂行が完了すると，会社更生手続は終了し，裁判所は手続終結の決定をするが（会更239条1項1号），計画遂行が完了する前でも，更生計画で認められた金銭債権の総額の3分の2以上が弁済され，計画に不履行がない場合（同項2号），計画の遂行が確実であると認められる場合には（同項3号）手続終結決定を受けて，会社は更生手続から開放される。

11章__ リスクマネジメント／保険と会社法

▶§**1**__ 総説

　企業は普段からさまざまな経営上のリスクを抱えているが，時に巨大なリスクに曝されることがある。これらのリスクに備えて，多くの企業が損害保険に加入している。

　また，会社法を学んでいくと，取締役をはじめとする役員等の責任およびその責任を追及するための諸制度が会社法に定められていることを知るが，これらは，役員等の経営判断や業務執行にともなう行動を規律するものであり，それによって役員等の職務の執行の適正性が確保されている。しかしながら，あまりに厳格に責任が追及されることになるおそれ（損害賠償責任へのおそれ）があると，会社経営や職務執行が萎縮してしまい，かえって役員等へなろうとする者が不足することになりかねず，会社にとって優秀な人材の確保が困難になってしまう。このような弊害を除去するために，会社法は，令和元年改正によって，取締役等への適切なインセンティブの付与としてどのような枠組みが考えられるかといった視点から，役員等が職務の執行に関して責任の追及を受けたことによって生じる費用や損失を会社が補償する旨の契約を会社と役員等との間で締結すること（補償契約：会社補償）や，およびそういった費用や損失を填補する損害保険契約を会社が保険会社との間で締結すること（役員等賠償責任保険契約：D&O〔Directors & Officers〕保険）についての規律を新たに設けた（会社430条の2，430条の3）。

　そこで，本章では，株式会社に関して，上記会社法改正によって新設された補償契約および役員等賠償責任保険契約についてその概要を解説する。なお，会社が契約を締結するさまざまな保険契約を総合的に解説することは避けるが，会社がリスクマネジメントとして締結するD&O保険以外の若干の保険契約についてはTopicとして紹介する。

▶§2__ 補償契約の概要

▶▶1 意義

　補償契約とは，株式会社が役員等（会社423条1項）にその職務の執行に関して発生した費用（法令の規定に違反することが疑われ，または責任の追及に係る請求を受けたことに対処するために支出する費用：いわゆる防御費用）や損失（第三者に生じた損害についての賠償金または和解金の支払責任）の全部または一部を事前または事後に負担する旨を約する契約である（会社430条の2第1項柱書き）。

　この会社法430条の2第1項1号の防御費用としては，たとえば弁護士に対して支払うべき弁護士報酬が考えられるが，これは，役員等に悪意・重過失があったときでも補償することができる。これは，役員等に悪意・重過失がある場合に，損失については補償の対象とならないとされていること（会社430条の2第2項3号）の反対解釈から導かれる。このように，悪意・重過失が役員等にある場合でも，適切な防御活動を行いうるようにしてやることが会社の損害拡大の抑止等につながりうるし，防御費用の補償に限定するのであれば，業務の執行の適正性が損なわれるおそれが高いとまではいえないと解されている。

　このほか，損失が対会社責任に限定されていることの反対解釈から，防御費用には，対第三者責任だけでなく，対会社責任の追及を受ける場合の防御費用も含まれるものと解される。

　会社法430条の2第1項2号の損失の例としては，役員等が民法709条や会社法429条1項に基づく責任を第三者に対して負う場合が考えられるが，会社に支払能力がないために役員等の責任が追及される小規模の閉鎖会社における直接損害や間接損害の事例に関しては，会社が補償することができるということを前提とする以上は想定外という事例になるので，役員等が職務の執行に関して第三者の生命・身体，財産，人格権等を侵害したことによって対第三者責任を負う場合を想定することになる。しかしながら，取締役が対第三者責任を負う場合には，通常，会社も賠償責任を負う結果になることが多いため，会社法430条の2第2項2号の規定によって補償ができなくなるおそれがある。また，会社法430条の2第2項3号の解釈次第で，役員等が会社法429条1項の責任を負うことになる場合にも補償ができなくなるので，現実問題としては，会社が補償契約に基づいて賠償金や和解金を補償することができる場面というのは相

当程度限られるものと思われる。

　役員等が会社に対して負う責任に係る賠償金または和解金については，会社は補償することができない（会社430条の2第1項1号2号）が，もしこの補償ができるものとすると，会社法424条以下に定める責任免除手続によらないで損害賠償責任を事実上免責することになってしまうので，それを回避するために損失の補償は対第三者責任に限定されている。

　補償の対象となる防御費用も損失も，役員等の職務の執行に関して生じたものでなければならないが，役員等の地位と関係することを要するかどうかについては若干問題である。たとえば，役員等が，職務のための移動の際に，自ら運転する自動車で事故を起こしてしまい，その被害者に対して損害賠償責任を負うという事例では，役員等の地位に関係しなくても職務の執行に関連していればそれでよいとすると，補償の対象となるが，そうではなく，役員等の地位に関係していることを要するとすると，この事例では役員等は運転者責任を追及されるのであるから，補償の対象とはならないともいえる。

　しかしながら，D&O保険に関する会社法430条の3第1項および第2項でも，この補償契約に関する会社法430条の2第1項1号・2号と同じ「職務の執行に関し」という文言が用いられているが，同条および会社法施行規則115条の2第2号の文言を照らし合わせると，「役員等が第三者に生じた損害を賠償する責任を負うこと又は当該責任の追及に係る請求を受けることによって当該役員等に生ずることのある損害」と「役員等がその職務上の義務に違反し若しくは職務を怠ったことによって第三者に生じた損害を賠償する責任を負うこと又は当該責任の追及に係る請求を受けることによって当該役員等に生ずることのある損害」とを明確に区別しているため，役員等の職務上の義務違反や任務懈怠に基づく損害賠償責任でないもので，職務の執行に関して負う損害賠償責任概念が存在することが理解される。それゆえ，会社法430条の2第1項1号・2号の「職務の執行に関し」という文言についても，自動車損害賠償責任保険やその他の賠償責任保険における保険保障が得られるような行為も職務執行に該当するものがありうると解することができる。もちろん役員等が職務のために自動車を運転して移動している最中に自動車事故を起こしてしまったり，国内外に出張中に何らかの財産損害を惹起してしまった場合には，自動車損害賠償責任保険や任意の自動車保険，および旅行保険における賠償責任保険等に加入していれば，それらによる保険保障が受けられるから，会社による補償契約の

必要性は低いかもしれないが，必ず加入しているとはいえないし，加入していても損害がそれらの保障の範囲外という可能性もありうるから，一定のニーズはあるともいえるし，補償契約を締結することによって，役員等が移動や出張を確実に安心して行えるようになるのであれば有意義である。先述のとおり，役員等の職務の執行に係る対第三者責任が認められる範囲がかなり限定的になりうることからすれば，職務の執行それ自体ではなく，職務の執行に関して何らかの負担をすることになりうる賠償責任について補償の対象とすることには十分な意味があるともいえる。

　役員等が退任した後に負担した防御費用等であっても，その在任時の職務の執行に関して生じたものであれば，負担が退任後でも補償の対象となる。

　この役員等には，取締役のほか，会計参与，監査役，執行役，会計監査人らが含まれ，これらすべてを包括的に補償する契約でもよいし，個々の役員とそれぞれ別個独立の補償契約を締結することもできるが，退任した後の者は役員等には含まれない。

　なお，補償契約を締結せずに，役員等の対第三者責任について，会社が役員等に代わって賠償金や和解金を支払った場合には，会社は，役員等に対する損害賠償請求権を求償権として代位取得する（民499条）。もしこの求償権を会社が行使せずに済ませている場合には，事実上の免責の結果となるので，利益相反行為となり，株主は代表訴訟によってその責任を追及することができる（会社847条）。これに対して補償契約に基づいて，会社が賠償金や和解金を支払った場合には，当然ながら，会社は役員等に対する求償権を取得しない。したがって役員等からすれば，補償契約を締結することで，この求償権や株主代表訴訟による責任追及を受けずに済むことができるので，補償契約には大きな意義があるといえる。

　とはいえ，補償契約を締結せずに，補償契約を締結したのと同様の補償を役員等に直接することができるのかは別途問題となりうる。この場合に求償権を取得すること自体には問題はないとしても，利益相反取引に関する規制には服することになるので，第三者への加害行為によって役員等だけでなく会社も第三者に対して損害賠償責任を負うことになった場合に，役員等が会社に対して任務懈怠責任を負うときには，会社法430条の2第2項2号により損失の補償はできないことの趣旨との整合性を考えると，補償契約によらずに補償することが役員等の免責に関する規制の潜脱に当たらないかを検討する必要が出てく

る。そうなると，結果として，補償契約によらずに損失を補償するときには会社法430条の2第2項2号の規制が同様に及ぶものと解すると，現実的には，補償契約によらずに損失を補償できる場合というのはほとんどないと考えられる。

　これに対して，防御費用については，それを補償しても会社が求償権を取得することにはならないし，概括的な補償契約を締結しておいて，個別具体的に補償の要否や額を会社が適宜判断して決定しうるような形にするのであれば，会社が多額の補償を行う義務を当然に負うことにはならないため，取り立てて大きな問題は生じないと思われる。また，役員等に過失がある場合に，防御費用を補償するには，利益相反取引に関する法規制に服するものとすれば，利益相反取引に関する規制の潜脱は生じないので，補償契約によらずに防御費用を補償することは認められてもよいともいえる。ただし，補償契約によらずに防御費用を補償する際には，利益相反取引に関する規制がかかってくるとなると，賛成取締役には任務懈怠の推定が働く（会社356条・423条）ということからすると，補償契約によらずに防御費用を補償することの実益はないといってよいし，補償契約による補償の対象は将来発生しうる防御費用だけでなく，既に発生した防御費用等も含まれると解されるから，実際には，防御費用が確実に発生した後で，新たに補償契約を締結して，補償を行うのが合理的であろう。

　なお，補償契約によらずに補償をする場合には，公開会社の事業報告における補償契約に関する記載事項（会社規121条3号の2ないし3号の4）には該当しない（会社規2条2項66号）ものの，個別具体的な事情によっては株式会社の会社役員に関する重要な事項（会社規121条11号）として，事業報告での開示が必要となりうる。

▶▶2　補償契約の締結に関する規制

　補償契約を締結するには，取締役会設置会社では取締役会の決議が必要であり，非取締役会設置会社では株主総会の決議が必要であり，それによって補償契約の内容を決定しなければならない（会社430条の2第1項，399条の13第5項12号，416条4項14号）。

　これに対して，締結された補償契約に基づいて補償を実行する際には，取締役会や株主総会の決議は必要ではないが，補償内容によってはその実行が重要な業務執行の決定（会社362条4項柱書き）に該当する可能性があるため，補償

契約において事前に補償を実行する場合には取締役会の決議を要する旨を定めておくこともできる。

　取締役会設置会社では，複数の取締役と個別に補償契約を締結する場合に限らず，すべての取締役と全く同内容の補償契約を締結する場合であっても，補償契約の当事者となる取締役は特別利害関係人となるから，取締役会の議決に加わることはできない（会社369条2項）ので，法理論上は補償契約を締結する取締役ごとに取締役会の決議が必要となることになるが，全く同内容の補償契約を全員と締結する場合にこの手続をとるのは甚だ効率性が悪いので，それを同時に全員と締結するのであれば一度の決議ですますことが認められてもよいように思われる。これは当事者であった取締役が再任された場合にも同様の問題があり，法理論上は再度決議を要するということになるのだが，再任を条件とする自動更新システムが認められてもよいように思われる。

　この決議を経ずに締結された補償契約（決議が無効等になった場合の補償契約を含む）は，法律上当然に無効となるものと解される。

▶▶3　補償契約の実行に関する規制
【1】　補償範囲

　①防御費用のうち通常要する費用の額を超える部分，②役員等が職務の執行に関し，第三者に生じた損害を賠償するとすれば当該役員等が会社に対して会社法423条1項の責任を負う場合には，当該責任に係る部分，③役員等がその職務を行うにつき悪意・重過失があった場合の会社法430条の2第1項2号の損失の全部，の3つの類型については，補償契約で補償することができないだけでなく，補償することを定めたとしても無効となり，補償を実行する際にその類型に属する補償をした場合にもその補償部分については法令違反として無効となるので，補償を受領した役員等はその類型に属する部分に関しては不当利得として返還義務を負う（民703条）。

　①については，会社法852条1項の「相当と認められる額」についての考え方が参考とされるといわれているが，現実的には株主代表訴訟に関する弁護士費用の額の算定方法と，被告役員等の防御費用としての弁護士費用の額の算定方法とは異なる実務がとられているのが通常であるため，結局はどのように算定すれば通常要する費用の額といえるのかが問題として残されている。

　②については，役員等が職務の執行に関して第三者に加害行為を行い，役員

等が民法709条や会社法429条１項に基づいて，会社が民法709条や会社法350条に基づいて，連帯して損害賠償責任を負う場合に，会社が自己の賠償を行ったときには，会社は役員等に対して，その任務懈怠による会社の損害の発生を理由として会社法423条１項に基づいて責任を追及することができるが，その場合に，補償契約によって，会社がこの役員等の対第三者責任を補償することは，役員等に求償できなくなることを意味するため，結果として，役員等の会社法423条１項の責任を実質的に免除することになるので，そのような潜脱を回避するために②の部分の補償が禁じられたものと考えられる。

　そうすると，ここでいう損失について補償契約の対象にできる場合としては，実際上，役員等だけが対第三者責任を負い，会社は対第三者責任を負わないという場合が考えられるが，補償によらずに会社が役員等に代わって賠償を行うのとは異なり，補償契約によって補償することで，会社が求償権を取得しないで役員等の賠償責任を事実上免責することが可能になるものの，会社法350条から，職務の執行に関する行為によって第三者に対する加害行為をした役員等だけが対第三者責任を負って会社は対第三者責任を負わないというのは現実的にはほぼありえないと思われる。この点につき，取締役が海外出張中に業務上移動する必要から自動車を運転し，事故を起こした場合には，海外旅行保険における賠償責任保険部分では約款上，自動車事故が免責とされているために，事故を起こした取締役のみが対第三者責任を負うことになるという指摘がなされることがあるが，その場面くらいしかないであろうし，その場合に備えて補償契約を締結することが果たして効率的なのかは疑問がありうる。次に，役員等の行為によって役員等も会社も対第三者責任を負う。会社が責任を負うことになったことについて会社が役員に求償できないという場合が考えられるが，理屈の上は成り立ちそうであるとしても現実的にはほぼありえないであろう。そうすると，②に関して，補償契約の対象にできる場合としては，役員等も会社も対第三者責任を負うが，役員等は責任限定契約等によって会社に対して損害賠償責任を負わなくてすむ部分がある場合等に限られることになると思われるが，責任限定契約は，非業務執行取締役等（業務執行取締役以外の取締役，会計参与，監査役または会計監査人）のみが会社と締結することができる（会社427条１項）ため，業務執行取締役は，自己の職務の執行に関するものでない場合であっても，責任限定契約による効果を享受することはできない。

　③については，取締役が適正な労働条件を確保する注意義務に違反したため

に，当該取締役に軽過失があったとされるが，会社法429条1項にいう職務を行うに付いての悪意重過失があったとまではいえない，会社の従業員が労災に遭う場合のように，役員等の加害行為に故意過失が認められるものの，会社に対する任務懈怠についての悪意重過失があるとまではいえない場合には，補償ができるものと解されているが，その場合には，会社も従業員に対して賠償責任を負うから，会社にその責任を発生させたことについて，役員等が会社法423条1項の任務懈怠責任を負うことになると，結果的に②の場合と同様に補償することができなくなるものと思われる。

したがって，現実的にどの程度このようなニーズから補償契約が締結されるのかということを考えると補償契約にあまり実効性は期待できないのではないだろうかという疑問が残る。

会社法430条の2第2項各号には反しないと判断して補償をしたが，結果的に制限額を超えた補償をしてしまった場合には，補償の実行に関与した取締役は当該超過額について会社に対して任務懈怠責任を負うものと解されている。これは法令違反に基づく責任であるから，補償の実行に関与した取締役は，自己の責任を免れるためには，法令違反にはならないと判断したことについて無過失を証明しなければならないが，この責任についてあらかじめD&O保険によって保障の対象にしておくことはできるので，補償契約は，D&O保険の保障を得て行う場合に限って実効性が担保されるともいえよう。

役員等が，職務を行うにあたって悪意重過失があっても補償はできるが，不当な目的で職務を執行した役員等の防御費用を補償することは，職務執行の適切性の確保の観点から好ましくないので，補償契約に基づいて役員等の防御費用を補償した会社が，役員等が不正の利益を図り，または会社に損害を加える目的で職務を執行したことを知った場合は，会社は防御費用の返還を当該役員等に請求することができる（会社430条の2第3項）。

【2】 取締役会への報告義務

取締役会設置会社では，補償契約に基づいて補償をした取締役および当該補償を受けた取締役（指名委員会等設置会社では執行役も含む）は，遅滞なく，当該補償についての重要な事実を取締役会に報告しなければならない（会社430条の2第4項・5項）。

補償契約が取締役または執行役と締結される場合には，当該補償契約に関しては，会社法356条1項等の利益相反取引に関する規制は適用されない（会社

430条の2第6項）。補償契約の締結に関して民法108条が適用されない（会社430条の2第7項）のとは異なり，利益相反取引に関する規定が適用されないのは補償契約全般についてであるから，契約の締結だけでなく補償の実行についても適用されないことには注意が必要である。取締役会または株主総会の決議を経ないで締結された補償契約は，代理権を有しない者がした行為とみなされる（民108条2項）。

【3】 補償契約に関する開示

公開会社は，補償契約に関する一定の事項を，事業報告（会社435条2項）で開示しなければならない（会社規119条2号・121条3号の2ないし3号の4）。開示すべき内容は，①当該役員の氏名，②当該補償契約の内容の概要（当該補償契約によって当該役員の職務の執行の適正性が損なわれないようにするための措置を講じている場合にあっては，その内容を含む），③役員（取締役，監査役または執行役に限り，当該事業年度の前事業年度の末日までに退任した者を含む）に対して補償契約に基づき防御費用を補償した場合において，当該会社が，当該事業年度において，当該役員が職務の執行に関し法令の規定に違反したことまたは責任を負うことを知ったときは，その旨，④会社が役員に対して補償契約に基づき対第三者責任による損失を補償したときは，その旨および補償した金額となっている（会社規121条3号の2，3号の3，3号の4）。とはいえ，補償を実際に受けた役員がいたときにその指名は開示の対象となっていないので，株主側が事業報告だけを見て補償の適正性や，株主代表訴訟の提起について判断をすることは実質的に困難であるから，現実的には，補償の実行後に行われる取締役会への報告（会社430条の2第4項）の要領が取締役会の議事録に記載されるので（会社規101条3項4号），その閲覧請求をすることで，一定の情報収集をすることは，会社が適切に要領の記載を行っていれば可能ではある。

▸§3__ 役員等賠償責任保険契約の概要

▸▸1 意義

会社法で規制される役員賠償責任保険契約（D&O保険）とは，①株式会社が，保険者との間で締結する保険契約のうち役員等がその職務の執行に関し責任を負うことまたは当該責任の追及に係る請求を受けることによって生ずることのある損害を保険者が填補することを約するものであって役員等を被保険者とす

るもののうち，②当該保険契約を締結することにより被保険者である役員等の職務の執行の適正性が著しく損なわれるおそれがないものとして法務省令で定めるものを除いたものである（会社430条の3第1項）。これまでもわが国の上場会社実務では広く利用されてきており（上場会社の9割以上が締結している），一般にはD&O保険（Directors and Officers liability Insurance）として知られている。

①だけだと保険実務においてたとえば生産物賠償責任保険（PL保険）や企業総合賠償責任保険（CGL保険），自動車保険・海外旅行保険における賠償責任保険部分といったD&O保険以外のさまざまな責任保険契約まで広く含むことになるので，②の要件によって，D&O保険のみを会社法上の規制に服せしめることにしている。

これによって，会社が保険者とD&O保険契約を締結する保険契約者であるものが会社法上のD&O保険に該当することになるため，従来型のD&O保険のうち，実質的には被保険者である役員等が保険料を負担するものであっても，会社が保険契約者であれば，D&O保険に該当するが，いくら支払う保険料が報酬の形で会社から支払われるものであったとしても被保険者である役員等が保険契約者でもあるものについては該当しない。また，先述の補償契約の実行につき，会社の補償額を損害として実損填補するタイプの保険契約もここには含まれない。

会社法施行規則115条の2によれば，法務省令で定めるものとしては，被保険者に保険者との間で保険契約を締結する株式会社を含む保険契約であって，当該株式会社がその業務に関連し第三者に生じた損害を賠償する責任を負うことまたは当該責任の追及に係る請求を受けることによって当該株式会社に生ずることのある損害を保険者が填補することを主たる目的として締結されるもの（1号），役員等が第三者に生じた損害を賠償する責任を負うことまたは当該責任の追及に係る請求を受けることによって当該役員等に生ずることのある損害（役員等がその職務上の義務に違反し若しくは職務を怠ったことによって第三者に生じた損害を賠償する責任を負うことまたは当該責任の追及に係る請求を受けることによって当該役員等に生ずることのある損害を除く）を保険者が填補することを目的として締結されるもの（2号）が定められている。

これによって，会社法430条の3第1項の規制につき，対第三者責任に係る役員等の損害を保障する保険契約のうちの一定のものが適用除外となる。

1号では，生産物賠償責任保険（PL保険）や企業総合賠償責任保険（CGL保険），

　使用者賠償責任保険，施設賠償責任保険，受託者賠償責任保険といった，会社がその業務を行うにあたって，会社に生ずるおそれのある損害を保障するために締結される保険で，役員等が会社とともに損害賠償請求訴訟の被告となることが多いことから役員等が付随的に被保険者に加えられているようなタイプのものが想定されている。このタイプの場合，役員等を被保険者とする部分については，前掲要件①に該当するものの，基本的には会社自体の賠償責任を保障するものであり，利益相反性が低いとみられることや，これらに該当する保険商品の種類や数が膨大で，①だけの適用にすると実務上甚大な影響が想定されることを考慮して，適用除外が定められた。

　これに対して2号は，その職務上の義務違反もしくは任務懈怠によって対第三者責任を負う，または責任追及を受けることについて役員等が被る損害を括弧書きで除外することによって，職務の執行に関して生ずる賠償責任を保障するものであっても，その職務上の義務違反もしくは任務懈怠によるものではない対第三者責任に関して役員等が被る損害を保障するタイプの保険はD&O保険から除外することを定めている。それゆえ，前掲要件①に該当するのは，この2号の括弧書き部分の損害を保障するタイプの保険ということになる。数学での集合の概念を使って考えないとわかりにくいような構造になっているが，自動車損害賠償責任保険や海外旅行保険の賠償責任保険部分のようなものを会

社法430条の3第1項の適用対象とはしないことを目的としているものといえる。役員等が自動車の運転によって他人を死傷させた場合に事故態様や事故の報道次第では会社の社会的評判を低下させることになるから、道交法違反も間接的には職務上の任務懈怠になるから2号によって自動車損害賠償責任保険をD&O保険から除外できないというような解釈は、立法趣旨に合致しないため採られるべきではないと解されている。保険実務上は、D&O保険では、汚染物質の流出、核物質の危険性、アスベスト等の有害な特性等に起因する損害のほか、身体障害、精神的苦痛、財物損壊等や人格権侵害についての損害については支払事由非該当として免責とされているため、それらについては他の賠償責任保険での保障が用意されている。

▶▶2　D&O保険契約の締結時に関する規制

　D&O保険は、役員等に対して適切なインセンティブを付与するが、その内容によっては、会社による補償契約と同等以上に役員等の職務の適正性が損なわれるおそれがあり、会社が保険者に対して保険料を支払い、役員等が損害の塡補を受ける上に、役員等の会社に対する損害賠償責任も塡補の対象となることから、利益相反性が著しいともいわれている。そこで、会社がD&O保険を締結するためには、取締役会設置会社では、取締役会の決議、非取締役会設置会社では株主総会の決議によって、契約内容を決定しなければならないものとされている（会社430条の3第1項・399条の13第5項13号・416条4項15号）。保険実務上はD&O保険の保険期間は通常1年とされているので、特に問題がない限りは、毎年同内容で更新されていくことになるが、その場合であっても理論上は、保険期間ごとに塡補の対象と条件が異なる保険契約であるから、保険期間ごとの別個の保険契約であると考えられるため、更新手続についてもその内容を決定するためには、前掲の決議が必要である。ただし、内容の変更のないまったく同内容での更新（約款文言の形式的な修正にとどまる場合を含む）であれば、前年度の内容と同内容であることを確認できる状況下でそのことを附議して承認を得れば、それで内容について決定されたものとしてよいと思われる。ただし、更新の際には何らかの事情で契約の見直しを必要とすることになるかもしれないし、特段の事情等がなくても毎年契約内容の見直しを検討する機会は得られるべきであるから、次年度以降の更新も同内容だからといって決議不要とすることは認められず、前年度と同内容でD&O保険契約を更新する旨の決定

　株式会社はさまざまな業種のものがあるため，それぞれの業種特有のリスクを抱えている（一般的な商品の製造・販売にともなう賠償責任のほか，運送会社なら運送品の滅失・損傷等，コンテンツ提供事業会社ならサービス上の過誤，IT関連企業であれば情報その他の漏洩等，多種多様なリスクがある）。最近では，SNSの普及拡大にともなって，会社を取り巻く環境にも大きな変化が起きており，商品やサービス，または従業員の労働環境等に関してのネガティブな情報や場合によってはデマが拡散されることがあったり，ネット上で厳しく糾弾されるといった，いわゆる炎上リスクやレピュテーションリスクが注目されている。これらのリスクに対して，原因調査費用，コンサルティング費用，炎上拡散防止に必要な費用（報道状況分析費用，ネット投稿削除費用，検索エンジン対策費用，弁護士相談費用等），超過勤務手当，コールセンター設置費用，メディア対応のコンサルティング費用，各メディアへの広告掲載費用といったさまざまな費用の補償，および緊急時の炎上対策支援，メディア対応支援といったサービスを付帯する形での保険商品が登場している（たとえば損害保険ジャパン株式会社による「ネット炎上対応費用保険」は国内で初めて炎上対策を主たる目的として販売されたものである）。

【笹本幸祐】

は毎年行われなければならないものと解される。

　D&O保険契約の締結についても，補償契約と同様に，取締役会設置会社では，被保険者となる各取締役が取締役会の決議について，株式会社に対する忠実義務を誠実に履行することが定型的に困難であると認められる特別の利害関係を有すると考えられるので，取締役会設置会社がD&O保険契約の内容を決定する場合には，各取締役を被保険者とする部分について，被保険者となる各取締役が自らを被保険者とする部分についての議決に加わることはできず，それ以外の取締役で順次別個に議決するというやりかたを示唆する見解もあるが，取締役の全員が取締役会の決議について共通の利害関係を有している場合には，会社法369条2項の適用はなく，D&O保険は取締役に適切なインセンティブを付与するため，現在および将来の取締役の全員を被保険者とすることが一般的であるから，取締役の全員がD&O保険に係る保険契約の内容の決定をする決議について共通の利害関係を有している場合ということができ，この決議については被保険者である取締役も議決に加わることができるという見解もある。

D&O保険について，決議を欠く場合には，民法108条の適用がある（会社430条の3第3項）が，決議を欠いてD&O保険の締結が無効となる場合であっても，会社保護のために，保険者からの無効の主張は認められず，無効の主張ができるのは会社に限られるが，利益相反取引との状況の類似性から，会社がその無効を主張できるのは決議を欠いていたことについて保険者が悪意重過失であった場合に限られるのではないかという見解がある。しかしそうなると実際に無効が主張される場合はほとんどなくなるものと思われる。

▶▶3 利益相反取引の適用除外

役員等のために締結される保険契約であって，役員等を被保険者とするものの締結は，会社が保険料負担をする場合には，取締役に直接的に利益が生ずる取引として，会社356条1項3号の利益相反取引に該当することになるが，そうなると，取締役会設置会社では，取締役会の承認および締結後における重要な事実の報告，非取締役会設置会社では，株主総会の承認が必要となり（会社356条1項・365条・419条2項），D&O保険契約の締結によって会社に損害が生じた場合にその締結に関与した取締役または執行役の任務懈怠が推定されることになり（会社423条3項），それによって，会社に対する損害賠償責任が取締役または執行役に容易に認められることになるのは，役員等に対して適切なインセンティブを付与するというD&O保険契約の意義に鑑みて適切でないことから，役員等のために締結される保険契約であって，取締役または執行役を被保険者とするものの締結については，利益相反取引に関する規制を適用しないものとされた（会社430条の3第2項）。ただし，前掲会社法施行規則115条の2第2号から，この規制の適用除外を受けるのは，あくまでも役員等のために締結される「責任保険契約」であって，取締役または執行役を被保険者とするものに限定されることには注意が必要である。海外旅行保険や自動車保険のような保険契約については，賠償責任保険以外の部分があり，それの保障に関する保険料負担を会社がすることは，法形式上は会社法356条1項3号の間接取引に該当するからである。それゆえ，このような保険契約については，締結に関して，取締役会の決議を要することになる（取締役の海外出張に際して海外旅行保険契約をその都度締結する場合にも煩雑ではあるが毎回取締役会の決議を要することになると思われる）。

★Topic__18　会社の保険によるリスクマネジメント③

　モラル・ハザード（moral hazard）という言葉は，本来は保険における用語で，保険者が不正な保険金請求を受けるおそれのことをいう（モラル・リスクという使い方をされることも多い）。簡単に言えば，わざと保険金請求原因である保険事故を引き起こして保険金を請求しようと企むことである。具体的には火災保険であれば自宅に火をつけたり，自動車保険ならわざと車をぶつけようと企むようなことである。しかし，一般的には，モラル・ハザードという言葉は倫理観や道徳観の欠如という意味で用いられることが多く，企業のリスクマネジメントにおいては，しばしば，保険に加入することにより事故が発生したとしてもそれによる損失は保険金等でカバーできるからという感覚から事故を予防しようとする意識や注意力が減退ないし欠落してしまうことを意味するものとして用いられている。しかしながら，保険の世界ではそれはモラール・ハザード（morale hazard）と呼ばれるものであって，厳密にはモラル・ハザードとは区別されるものである。たとえば金融機関が経営破綻の危機に陥ったとしても，きっと国家および政府が公的資金を投入してくれるだろうと考えて破綻回避のための経営判断を積極的にしなくなるような場合には，このモラール・ハザードが生じていることになる。自然災害や近年の新型コロナ禍のような巨大な損害が生じるケースについても同様に，それに対応する保険に加入していなかったとしても国家および政府が何とかしてくれるだろうと経営陣が安易に期待してリスクヘッジを志向する経営判断をしなくなってしまう可能性があれば，そこには一種のモラール・ハザードが生じているといえる。実際に中小企業庁の調べでは，大企業の約4割，中小企業の約6割超が，自然災害に対する対応状況について，あまり対応を進めていない，またはほとんど対応を進めていないと回答しているというデータがある（2021年版中小企業白書）。

【笹本幸祐】

▶▶4　D&O保険に関する開示

　公開会社は，D&O保険契約に関する一定の事項を，事業報告（会社435条2項）で開示しなければならない（会社規119条2号の2・121条の2）。これは，利益相反性があるという問題を取締役会の決議を要することのみで解決するのは困難であり，株主に対して，D&O保険契約に関する情報を開示する必要性が高く，さらに会社が抱えているリスクを投資家が評価する際に保険契約の内容がその指標として機能することから，会社が締結しているD&O保険契約の内容が株

主にとって重要な情報であると考えられるからである。　事業報告で開示すべき事項は，①当該役員等賠償責任保険契約の被保険者の範囲，②当該役員等賠償責任保険契約の内容の概要（被保険者が実質的に保険料を負担している場合にあってはその負担割合，塡補の対象とされる保険事故の概要および当該役員等賠償責任保険契約によって被保険者である役員等（当該株式会社の役員等に限る）の職務の執行の適正性が損なわれないようにするための措置を講じている場合にあってはその内容を含む）である。①については，「自社及び子会社の役員」等の概括的な情報で足り，②について，役員等の職務の執行の適正性が損なわれないようにするための措置としては，免責額の設定等があると考えられている。

　保険契約者である会社の子会社を記名子会社として，当該子会社の役員等を親会社の締結するD&O保険契約の被保険者とした場合には，親会社が保険契約者であるので，親会社が当該契約に係る開示をしなければならず，子会社が開示をする必要はない。

▶参考文献ガイド

＊原則として令和元年改正会社法をフォローアップしている基本書を掲載

▶▶1　基本書

神田秀樹『会社法（法律学講座双書）』弘文堂（2021年，第23版）
　＊なお，2022年3月に，第24版が刊行された。
田中亘『会社法』東京大学出版会（2021年，第3版）
江頭憲治郎『株式会社法』有斐閣（2021年，第8版）
弥永真生『リーガルマインド会社法』有斐閣（2021年，第15版）
柴田和史『会社法詳解』商事法務（2021年，第3版）
近藤光男『最新株式会社法』中央経済社（2020年，第9版）
伊藤靖史・大杉謙一・田中亘・松井秀征『会社法（LEGAL QUEST）』有斐閣（2021年，第5版）
髙橋美加・笠原武朗・久保大作・久保田安彦『会社法』弘文堂（2020年，第3版）
河本一郎・川口恭弘『新・日本の会社法』商事法務（2020年，第2版）
髙橋英治『会社法概説』中央経済社（2019年，第4版）

▶▶2　令和元年改正会社法の判例解説書，実務書

神作裕之・藤田友敬・加藤貴仁編『会社法判例百選』有斐閣（2021年，第4版）
山下友信・神田秀樹編『商法判例集〔第8版〕』有斐閣（2020年，第8版）
神作裕之・藤田友敬編『商法判例百選』有斐閣（2019年）
竹林俊憲編著『一問一答　令和元年改正会社法』商事法務（2020年）
田中亘・梅野靖一郎・沖隆一・加藤貴仁・齋藤真紀・邉英基編著『Before／After会社法改正』
　弘文堂（2021年）

▶▶3　法人税法，倒産関係，ファイナンス関係

増井良啓『租税法入門』有斐閣（2018年，第2版）
渡辺徹也『スタンダード法人税法』弘文堂（2019年，第2版）
金子宏『租税法』弘文堂（2021年，第24版）
中里実・弘中聡浩・渕圭吾・伊藤剛志・吉村政穂編『租税法概説』有斐閣（2021年，第4版）
浅妻章如・酒井貴子『租税法』日本評論社（2020年）
伊藤眞『倒産法入門』岩波新書（2021年）
田頭章一『倒産法入門』日経文庫（2016年，第2版）
幸田博人編著『日本企業変革のためのコーポレートファイナンス講義』金融財政事情研究会
　（2020年）
橋本正明『コーポレートファイナンス入門　企業価値評価からM&Aまで』ビジネス教育出版
　社（2020年）

▶01章＿ファイナンスからみた会社法

なし

▶02章＿ 会社の資金調達手段

次の各文章の正誤を答えなさい。

①株式のように返済の必要が原則としてない資金調達による資本を自己資本という。

②金融機関からの借入による資金調達が「多額の借財」に該当する場合，取締役会設置会社では原則として取締役に一任することはできない。

▶03章＿ 株式による資金調達

次の各文章の正誤を答えなさい。

①株式の発行は既存の株主に影響を与えることから原則として株主総会の承認が必要であるが，機動的な発行の必要性もあるため，発行済み株式総数の4倍までを発行可能株式数として定款に定めれば，取締役会の判断で発行することができる。これを授権株式（授権資本）という。

②株主が希望すれば会社が対価を支払って取得する株式のことを取得条項付（種類）株式という。

③特に有利な価額による第三者への株式の発行は株主総会の承認が必要であるが，この特に有利な価額の算定については市場価格ある場合はそれを基準におおよそ10％程度のディスカウントを超える場合とされる。

▶04章＿ 株式の流通

次の各文章の正誤を答えなさい。

①譲渡制限株式は譲渡が禁止されているので，会社に対して，その譲渡を承認するように請求をすることはできない。

②株式不発行会社の株式を譲り受けた者は，株主名簿の名義書換がされない限り，その株式譲渡を会社のみならず第三者にも対抗することはできない。

③株式会社は，株主との合意により有償で自己株式を取得するときは，特定の株主からの取得でなくとも，株主総会の特別決議により決定しなければならない。

④自己株式には株主総会における議決権は認められない。

▶05章＿ 新株予約権

次の各文章の正誤を答えなさい。

①新株予約権は形成権である。

②公開会社は，募集新株予約権の有利発行を行う場合，取締役会の決議により募集新株予約権の募集事項を定めることができる。

③取締役会設置会社でない株式会社は，新株予約権無償割当てに関する事項の決定をする場合，定款に別段の定めがない限り，株主総会の普通決議を経なければならない。

▶06章__ 社債による資金調達

次の各文章の正誤を答えなさい。

①持分会社は，社債を発行することができる。

②社債権者集会の決議は，裁判所の認可を受けなければ効力を生じない。

③社債発行会社は，その発行する各社債の金額が1億円以上である場合，社債管理者を設置する必要がない。

▶07章__ 会社の計算

次の各文章の正誤を答えなさい。

①損益計算書は，資産・負債・純資産という3つの部に区分して表示する。

②会計監査人設置会社では監査役は，計算書類・その附属明細書の監査をする必要はない。

③資本金・準備金の額を減少する場合には，債権者異議手続を践むことが原則として要請される。

▶08章__ 会社の支払決済手段／電子記録債権

次の各文章の正誤を答えなさい。

①約束手形には，振出人の署名がなくてもよい。

②約束手形の裏書人は，振出人が支払をしない場合に，支払を担保する責任を負う。

③電子記録債権を発生させたり譲渡するには，電子債権記録機関が管理する記録原簿に電子記録（発生記録・譲渡記録）がされなければならない。

④電子記録債権には，約束手形と異なり，善意取得や人的抗弁の切断といった取引の安全を保護する制度は存在しない。

▶09章__ 会社と会計・税務

次の各文章の正誤を答えなさい。

①株式会社は法人税法上の普通法人に該当する。

②法人税法上収益や費用等は「一般に公正妥当と認められる会計処理の基準」に従って計算されるから，法人税の所得の金額は，常に企業会計上の利益に一致する。

③法人税法は会社法とは法の目的が異なるので関連はしない。

④株式会社が無償で資産を譲渡した場合には，法人税法上益金の額に算入される金額は

ない（ゼロである）。

⑤役員等に対する給与は，定期同額給与に該当すればその給与の額の多寡は問わず，法人税法上全額が損金の額に算入される。

▶10章＿会社の倒産とその処理

次の各設問に答えなさい。

Q1　法律が定めている清算型の倒産処理手続を挙げなさい。

Q2　法律が定めている再建型の倒産処理手続を挙げなさい。

Q3　経済界では，何が倒産の指標とされているか。

Q4　銀行は，債務者の不動産に抵当権を設定していても，その債務者が破産すると，抵当権の実行によって貸金を回収することはできない。

Q5　民事再生法の手続が開始されると，倒産会社の経営者は，必ずその地位を失う。〇か×か。

▶11章＿リスクマネジメント／保険と会社法

次の各設問に答えなさい。

Q1　会社法における補償契約とはどのような内容を約する契約か？

Q2　株式会社が補償契約の内容の決定をするのに必要な決議はどのような決議か？

Q3　補償契約の内容として約したとしても補償することができないものと会社法で定められているのは，どのようなものか？

Q4　補償契約に関する規定と利益相反取引に関する規定との関係は会社法ではどのようになっているか？

Q5　株式会社がD&O保険契約の内容の決定をするのに必要な決議はどのような決議か？

Q6　D&O保険以外の役員等のために締結される（取締役または執行役を被保険者とする）保険契約について，利益相反取引に関する規定との関係はどのように会社法では定められているか？

Q7　公開会社でかつ取締役会設置会社におけるD&O保険で，取締役を被保険者とするものの締結について，取締役会の決議を要するとする以外に，株主のために何か行うことが必要とされていることはあるか？

① 貸借対照表

[記載例]

貸借対照表
(○年○月○日現在)

(単位：百万円)

科　目	金　額	科　目	金　額
（資産の部）		（負債の部）	
流動資産	×××	流動負債	×××
現金及び預金	×××	支払手形	×××
受取手形	×××	買掛金	×××
売掛金	×××	短期借入金	×××
契約資産	×××	リース債務	×××
有価証券	×××	未払金	×××
商品及び製品	×××	未払費用	×××
仕掛品	×××	未払法人税等	×××
原材料及び貯蔵品	×××	契約負債	×××
前払費用	×××	前受金	×××
その他	×××	預り金	×××
貸倒引当金	△ ×××	前受収益	×××
固定資産	×××	○○引当金	×××
有形固定資産	×××	その他	×××
建物	×××	固定負債	×××
構築物	×××	社債	×××
機械装置	×××	長期借入金	×××
車両運搬具	×××	リース債務	×××
工具器具備品	×××	○○引当金	×××
土地	×××	その他	×××
リース資産	×××	負債合計	×××
建設仮勘定	×××	（純資産の部）	
その他	×××	株主資本	×××
無形固定資産	×××	資本金	×××
ソフトウェア	×××	資本剰余金	×××
リース資産	×××	資本準備金	×××
のれん	×××	その他資本剰余金	×××
その他	×××	利益剰余金	×××
投資その他の資産	×××	利益準備金	×××
投資有価証券	×××	その他利益剰余金	×××
関係会社株式	×××	○○積立金	×××
長期貸付金	×××	繰越利益剰余金	×××
繰延税金資産	×××	自己株式	△ ×××
その他	×××	評価・換算差額等	×××
貸倒引当金	△ ×××	その他有価証券評価差額金	×××
繰延資産	×××	繰延ヘッジ損益	×××
社債発行費	×××	土地再評価差額金	×××
		株式引受権	×××
		新株予約権	×××
		純資産合計	×××
資産合計	×××	負債・純資産合計	×××

② 損益計算書

[記載例]

損益計算表
（自○年○月○日　至自○年○月○日）

(単位：百万円)

科　　目	金　　額	
売上高		×××
売上原価		×××
売上総利益		×××
販売費及び一般管理費		×××
営業利益		
営業外収益		
受取利息及び配当金	×××	
その他	×××	×××
営業外費用		
支払利息	×××	
その他	×××	×××
経常利益		×××
特別利益		
固定資産売却益	×××	
その他	×××	×××
特別損失		
固定資産売却損	×××	
減損損失	×××	
その他	×××	×××
税引前当期純利益		×××
法人税，住民税及び事業税	×××	
法人税等調整額	×××	×××
当期純利益		×××

③ 株主資本等変動計算書

［記載例］

株主資本等変動計算書
（自○年○月○日　至自○年○月○日）

（単位：百万円）

	株主資本									
		資本剰余金			利益剰余金					
						その他利益剰余金				
	資本金	資本準備金	その他資本剰余金	資本剰余金合計	利益準備金	○○積立金	繰越利益剰余金	利益剰余金合計	自己株式	株主資本合計
○年○月○日残高	×××	×××	×××	×××	×××	×××	×××	×××	×××	×××
事業年度中の変動額										
新株の発行	×××	×××		×××						×××
剰余金の配当					×××		△×××	△×××		△×××
当期純利益							×××	×××		×××
自己株式の処分									×××	×××
○○○○○										
株主資本以外の項目の事業年度中の変動額（純額）										
事業年度中の変動額合計	×××	×××	−	×××	×××	−	×××	×××	×××	×××
○年○月○日残高	×××	×××	×××	×××	×××	×××	×××	×××	△×××	×××

	評価・換算差額等				株式引受権	新株予約権	純資産合計
	その他有価証券評価差額金	繰延ヘッジ損益	土地再評価差額金	評価・換算差額等合計			
○年○月○日残高	×××	×××	×××	×××	×××	×××	×××
事業年度中の変動額							
新株の発行							×××
剰余金の配当							△×××
当期純利益							×××
自己株式の処分							×××
○○○○○							
株主資本以外の項目の事業年度中の変動額（純額）	×××	×××	×××	×××	×××	×××	×××
事業年度中の変動額合計	×××	×××	×××	×××	×××	×××	×××
○年○月○日残高	×××	×××	×××	×××	×××	×××	×××

出所）①②③とも，日本経済団体連合会HP（keidanren.or.jp/policy/2013/115.pdf）より。
　　　ただし，個別注記表は省略した。

▶判例索引

▷地方裁判所

ネオ・ベーシック商法3

会社法II　ファイナンス編

2022年5月10日　初版第1刷印刷
2022年5月20日　初版第1刷発行

編著者　道 野　真 弘
発行所　(株)北大路書房

〒603-8303　京都市北区紫野十二坊町12-8
電　話　(075)431-0361(代)
ＦＡＸ　(075)431-9393
振　替　01050-4-2083

企画・編集制作　秋山　泰(出版工房ひうち：燧)
装　丁　上瀬奈緒子(綴水社)
組　版　華洲屋(kazu-ya)
印刷・製本　(株)太洋社

ISBN 978-4-7628-3193-5　C1332　Printed in Japan ©2022
検印省略　落丁・乱丁本はお取替えいたします。